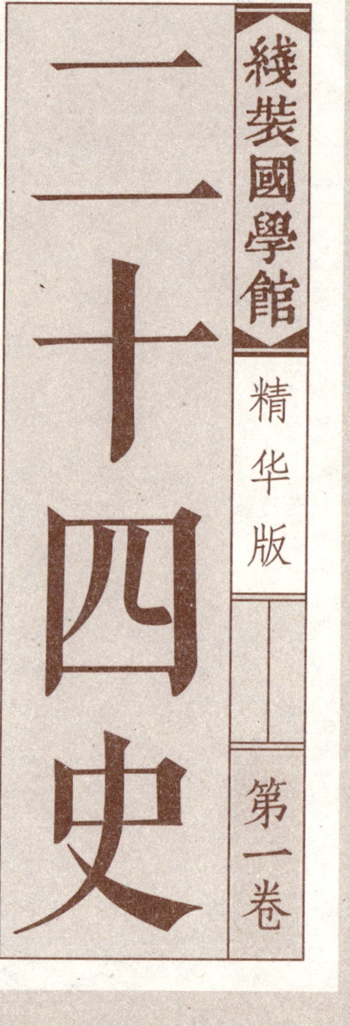
綫裝國學館
二十四史
精华版
第一卷

綫裝國學館

图书在版编目（CIP）数据

二十四史：精华／《线装国学馆》编委会编．——北京：中国画报出版社，2012.1（2017.10重印）
（线装国学馆）
ISBN 978-7-5146-0333-0

Ⅰ.①二… Ⅱ.①线… Ⅲ.①中国历史：古代史-纪传体②二十四史-注释③二十四史-译文 Ⅳ.①K204.1

中国版本图书馆CIP数据核字(2011)第259907号

线装国学馆·二十四史（精华）

◎出版人　于九涛
◎总策划　杜京
◎原著　汉·司马迁等
◎编著　綫裝國學館编委会
◎责任编辑　齐丽华
◎出版发行　中国画报出版社
◎地址　北京海淀区车公庄西路三十三号
◎电话　八八四一七三五九
◎网址　www.zghbcbs.com
◎印刷　三河市文通印刷包装有限公司
◎监印　焦洋
◎开本　十六开（889×1194）
◎印张　四十
◎字数　三百零七千字
◎版次　二〇一一年十二月第一版
◎印次　二〇一七年十月第三次印刷
◎定价　一百九十八元（全四卷）

ISBN 978-7-5146-0333-0
9 787514 603330 >

序言

「二十四史」是中国古代史书中最有代表性的著作，由二十四部史书组成。它们被历朝历代奉为正统，故又称为「正史」。它们记叙的时间，从第一部《史记》传说中的黄帝起，到最后一部《明史》明崇祯十七年（一六四四年）止，前后历时四千多年。共计三千二百一十三卷，约四千万字，用统一的纪传体形式编写。

「二十四史」包括《史记》（汉·司马迁）、《汉书》（汉·班固）、《后汉书》（南朝宋·范晔）、《三国志》（晋·陈寿）、《晋书》（唐·房玄龄等）、《宋书》（南朝梁·沈约）、《南齐书》（南朝梁·萧子显）、《梁书》（唐·姚思廉）、《陈书》（唐·姚思廉）、《魏书》（北齐·魏收）、《北齐书》（唐·李百药）、《周书》（唐·令狐德棻等）、《南史》（唐·李延寿）、《北史》（唐·李延寿）、《隋书》（唐·魏徵等）、《旧唐书》（后晋·刘昫等）、《新唐书》（宋·欧阳修、宋祁）、《旧五代史》（宋·薛居正等）、《新五代史》（宋·欧阳修）、《宋史》（元·脱脱等）、《辽史》（元·脱脱等）、《金史》（元·脱脱等）、《元史》（明·宋濂等）、《明史》（清·张廷玉等）。其中，有的是通史性质的，有的是断代史性质的，而绝大多数是属于朝代史，或称作皇朝史。

「二十四史」记载了我国自上古洪荒时代至明代数千年的历史，展示了数十个王朝的兴衰变迁，是研究中国历史最具权威性的史料，也是考察我国周边国家历史的珍贵资料，堪称「中华文明的百科全书」。伟大的政治家、思想家、军事家毛泽东一

生酷爱『二十四史』，对其中许多篇章反复研读，这充分表明了『二十四史』莫大的文化魅力和思想价值。

『二十四史』是中国史学对世界史学的卓越贡献，是人类文化工程中的一个罕有其匹的奇迹。它上起西汉司马迁编著的《史记》，下迄清代官修《明史》，前后连续一千八百多年，如此浩大的系列工程，这在全世界的史学发展史上是绝无仅有的；它的记事上起传说中的黄帝，下迄明朝灭亡，上下四千多年，反映了中华文明绵延不断的伟大轨迹，这在世界史学史上也是绝无仅有的。

由于『二十四史』卷帙浩繁，普通读者很难窥其全貌，因此，本次整理出版的『二十四史』精华版，经过了当代史学专家的精心挑选和校勘，在每部史书中挑选出一篇最具代表性的史传，加以注释并配以白话译文，使读者在有限的篇幅中感受中华历史文明的博大与浩繁。

綫裝國學館编委会

目录

二十四史精华

史记

汉·司马迁著

線裝國學館

项羽本纪

项籍者，下相人也，字羽。初起时，年二十四。其季父项梁，梁父即楚将项燕，为秦将王翦所戮者也。项氏世世为楚将，封于项，故姓项氏。项籍少时，学书不成，去①，学剑，又不成。项梁怒之。籍曰：『书足以记名姓而已。剑一人敌，不足学，学万人敌。』于是项梁乃教籍兵法，籍大喜，略知其意，又不肯竟学②。

秦始皇帝游会稽，渡浙江，梁与籍俱观。籍曰：『彼可取而代也。』梁掩其口，曰：『毋妄言，族矣！』梁以此奇籍。籍长八尺余，力能扛鼎，才气过人，虽吴中子弟皆已惮籍矣。

注释 ①去：舍弃。②竟学：学到底。竟，终于，完毕。

译文 项籍，下相人，字羽。项籍开始起兵的时候，才二十四岁。项籍的叔父名叫项梁，项梁的父亲就是被秦将王翦所杀的楚国名将项燕。项氏世代为楚将，封在项城，因而姓项氏。项籍年少时候，学文字，为文吏没有学成，后改学击剑又没有学成。叔父项梁发怒责备他，项籍答说：『文字不过记姓名而已；剑术，不过能敌一个人，都不值得学习。值得学的是可以敌万人的本事。』项梁认为有道理，于是教项籍兵法。项籍这才眉开眼笑，但也只略知兵法大意，就不肯钻研到底了。

秦始皇帝出游，巡行会稽郡，渡浙江，项梁和项籍一起旁观。项籍见秦始皇的仪仗行伍那样威严盛大，便说：『他！我可以取而代之！』项梁忙捂住了项籍的嘴，说：『不要胡说！可要灭族啊！』因此，项梁认为项籍很不一般。项籍身长八尺有余，力能举鼎，才气超过常人，吴地的子弟，都畏惧项籍。

秦二世元年七月，陈涉等起大泽中。其九月，会稽守通谓梁曰：『江西皆反，此亦天亡秦之时也。吾闻先即制人，后则为人所制。吾欲发兵，使公及桓楚将。』是时桓楚亡在泽中。梁曰：『桓楚亡，人莫知其处，独籍知之耳。』梁乃出，诫籍持剑居外待。梁复入，与守坐，曰：『请召籍，使受命召桓楚。』守曰：『诺。』梁召籍入。须臾，梁眴籍曰：『可行矣！』于是籍遂拔剑斩守头。项梁持守头，佩其印绶。门下大惊，扰乱，籍所击杀数十百人。一府中皆慑伏，莫敢起。梁乃召故所知豪吏，谕以所为起大事，遂举吴中兵。使人收下县，得精兵八千人。梁部署吴中豪杰为校尉、候、司马。有一人不得用，自言于梁。梁曰：『前时某丧使公主某事，不能办，以此不任用公。』众乃皆伏。于是梁为会稽守，籍为裨将，徇①下县。

广陵人召平于是为陈王徇广陵，未能下。闻陈王败走，秦兵又且至，乃渡江矫陈王命，拜梁为楚王上柱国。曰：『江东已定，急引兵西击秦。』项梁乃以八千人渡江而西。闻陈婴已下东阳，使使欲与连和俱西。陈婴者，故东阳令史，居县中，素信谨，称为长者②。东阳少年杀其令，相聚数千人，欲置长，无适用，乃请陈婴。婴谢③不能，遂强立婴为长，县中从者得二万人。少年欲立婴便为王，异军苍头特起④。陈婴母谓婴曰：『自我为汝家妇，未尝闻汝先古之有贵者。今暴得大名，不祥。不如有所属，事成犹得封侯，事败易以亡，非世所指名也。』婴乃不敢为王。谓其军吏曰：『项氏世世将家，有名于楚。今欲举大事，将非其人，不可。我倚名族，亡秦必矣。』于是众从其言，以兵属项梁。项梁渡淮，黥布、蒲将军亦以兵属焉。凡六七万人，军⑤下邳。

当是时，秦嘉已立景驹为楚王，军彭城东，欲距项梁。项梁谓军吏曰：『陈王先首事，战不利，未闻所在。今秦嘉倍陈王而立景驹，逆无道。』乃进兵击秦嘉。秦嘉军败走，追之至胡陵。嘉还战一日，嘉死，军降。景驹走死梁地。项梁已并秦嘉军，军胡陵，将引军而西。章邯军至栗，项梁使别将朱鸡石、馀樊君与战。馀樊君死。朱鸡石军败，亡走胡陵。项梁乃引兵入薛，诛鸡石。项梁前使项羽别攻襄城，襄城坚守不下。已拔，皆阬之。还报项梁。项梁闻陈王定死，召诸别将会薛计事。此时沛公亦起沛，往焉。

注释 ①徇：巡逻。②长者：德高望重的人。③谢：推辞。④异军：与众不同的军队。苍头：指以青色包头巾裹头。特起：独起，独树一帜。⑤军：驻军。

译文 秦二世元年的七月，陈涉吴广等九百余人于大泽乡起义。这年九月，会稽郡守殷通对项梁说：『大江以西都起兵反秦了，这是天要秦亡的时机啊。我曾经听说过：「先发动的，可以控制人，落后的就要被人控制。」因此我要先起兵，请你和桓楚为将。』这时，桓楚正在逃亡，藏在深山草泽之中。项

梁说：『桓楚正在逃亡之中，没有人知道他藏匿在哪里，只有项籍知道。』于是项梁走出来，嘱咐项籍手持宝剑在外面等候。项梁便又走入厅堂，和郡守殷通同坐。项梁说：『请郡守召项籍进来，可以派他传郡守的命令，召桓楚回来。』郡守说：『好！召项籍进来！』项梁唤项籍进入厅堂。一会儿，项梁使眼色示意项籍，说：『可以行动了！』于是项籍拔剑斩下郡守的头。项梁手持殷通的头，身上佩了郡守的印绶。郡守部下大惊，一时大乱。项籍杀死几十上百人。郡守府中人都惊惧畏服，拜伏于地，无人敢站起反抗。项梁便召来以往所知道的地方豪强官吏，向他们说明要起义以除残暴的道理，大家都赞成，于是发动吴地之兵起义了。于是起吴地之兵，派人接收了吴郡所属各县，共得精兵八千人。项梁部署吴地豪杰，任以校尉、侯、司马等职位。有一个人没有被派官任职，他便去问项梁。项梁说：『前些日子的一件丧事，曾经由你主持一项事务，你不能做好，因此我不能任用你。』大家对项梁的知人明察都极为佩服。于是项梁做了会稽郡守，项籍为裨将，安抚所属各县众民。

广陵人召平，这时受陈王陈涉指派进攻广陵，没能攻下，听说陈王已经败于秦军而退走，而秦兵又将要来攻召平，召平于是带兵渡过了长江，假传陈王的命令，拜项梁为楚王上柱国。召平说：『江东之地，已经安定下来，要赶快发兵西进，攻击暴秦。』项梁便率八千兵士渡江向西进攻。这时听说陈婴已经攻下东阳，便派使者与陈婴联络，要和陈婴合兵一起向西攻秦。陈婴这人原是东阳的令史，在本县平素来为人谨慎守信，被人尊为长者。东阳的少年们起事，杀了东阳令，聚合起几千人，想要推立一位首领，找不到适当的人，于是就请来陈婴。陈婴辞谢，说自己能力不够。这些年轻人不理会陈婴的意见，强行把他立为首领。当时县中愿从陈婴起事的有两万人。东阳的少年们此时就想立陈婴为王，兵士都戴青色军帽，命名为苍头军，有别于其他军队，并表示新近突起之意。陈婴的母亲对陈婴说：『自从我做你们家的媳妇，从来没听说你家祖先出过显贵的人物。现在你突然之间得到了这么大的名声，不是吉祥的事！你不如找一个领头的人，你做他的属下。如果起事成功了还能封侯，万一失败呢，又还可以逃亡隐避，因为你不是当世最被注意的知名人物。』陈婴深以为是，于是不敢为王。陈婴对他的兵士官吏说：『项氏世代为将，在楚国有盛名。现在要举大事，恐怕非项氏出来领导不可。我们依靠名门望族，一定可以消灭暴秦。』于是大家都听从陈婴的话，把兵卒都归属于项梁。项梁带兵渡过了淮水，又有黥布、蒲将军，也带了兵来归属项梁的麾下。总共有六七万人，驻军下邳。

这时候，秦嘉已立景驹为楚王，驻军在彭城以东，想要阻止项梁军西进。项梁向士兵官吏们说：『陈王最先起事，后来作战不利而败走，现在不知去向。而今秦嘉竟背叛陈王，立景驹为楚王，真是大逆无道！』项梁追击到胡陵，秦嘉回军和项梁作战，战斗了一天，秦嘉战死，军队投降项梁。景驹逃走，死在梁地。项梁兼并了秦嘉的部队，驻军胡陵，准备继续引兵西进。这时秦将章邯领兵到了栗县，项梁便派遣别将朱鸡石、馀樊君两人领兵与章邯作战。馀樊君战死，朱鸡石兵败，逃回胡陵。项梁于是引兵入薛，杀了兵败的朱鸡石。项梁先前派遣项羽另带一支兵进攻襄城，襄城坚守，一时攻不下来。最后到底攻破了襄城，项羽把守城的军民全部活埋，然后回来向项梁报告。项梁听说陈王确实已死，便召集所有分据各处将领，在薛县会合，共同商议大事。这时沛公刘邦也已在沛县起事，听说项梁在薛，便领兵来薛地投奔项梁。

居鄛人范增，年七十，素居家，好奇计，往说项梁曰：『陈胜败固当。夫秦灭六国，楚最无罪。自怀王入秦不反，楚人怜之至今，故楚南公①曰「楚虽三户，亡秦必楚」也。今陈胜首事，不立楚后而自立，其势不长。今君起江东，楚蜂午之将皆争附君者，以君世世楚将，为能复立楚之后也。』于是项梁然其言，乃求楚怀王孙心民闲，为人牧羊，立以为楚怀王，从民所望也。陈婴为楚上柱国，封五县，与怀王都盱台。项梁自号为武信君。

居数月，引兵攻亢父，与齐田荣、司马龙且军救东阿，大破秦军于东阿。田荣即引兵归，逐其王假。假亡走楚。假相田角亡走赵。角弟田间故齐将，居赵不敢归。田荣立田儋子市为齐王。项梁已破东阿下军，遂追秦军。数使使趣齐兵，欲与俱西。田荣曰：『楚杀田假，赵杀田角、田间，乃发兵。』项梁曰：『田假为与国②之王，穷来从我，不忍杀之。』赵亦不杀田角、田间以市于齐③。齐遂不肯发兵助楚。项梁使沛公及项羽别攻城阳，屠之。西破秦军濮阳东，秦兵收入濮阳。沛公、项羽乃攻定陶。定陶未下，去，西略地至雍丘，大破秦军，斩李由。还攻外黄，外黄未下。

项梁起东阿，西，比至定陶，再破秦军，项羽等又斩李由，益轻秦，有骄色。宋义乃谏项梁曰：『战胜而将骄卒惰者败。今卒少惰矣，秦兵日益，臣为君畏之。』项梁弗听。乃使宋义使于齐。道遇齐使者高陵君显，曰：『公将见武信君乎？』曰：『然。』曰：『臣论武信君军必败。公徐行即免死，疾行则及祸。』秦果悉起兵益章邯，击楚军，大破之定陶，项梁死。沛公、项羽去外黄攻陈留，陈留坚守不能下。沛公、项羽相与谋曰：『今项梁军破，士卒恐。』乃与吕臣军俱引兵而东。吕臣军彭城东，项羽军彭城西，沛公军砀。

注释 ①南公：战国时一位善预言的老人，属阴阳家，《汉书·艺文志》著录有『南公十三篇』。②与国：互相联合的国家，即盟国。③市于齐：与齐国做交易。

譯文 有居鄛人范增，七十岁，平素居家喜好研究奇谋巧计，前去游说项梁说：『陈胜固然应当失败。当初秦灭了六国，其中楚国最为无罪。自从楚怀王受骗入秦而不能回归楚国，楚人无不同情怀念怀王，到如今仍对他思念不已。所以楚南公说：「楚国即使只剩下三户人家，灭亡秦国的也一定是楚国。」这次陈胜先起事，不立楚国后人为王，而自立为王，所以陈胜的势位不能长久。现在您在江东起事，楚国将士，有如众蜂飞起而响应。之所以都争相归附于项君，只因项君世代为楚将，大家意料项君将会立楚国之后，以兴复楚国。』在这一点上，项梁认为范增的意见很对，便寻到了楚怀王的孙子名叫熊心，当时熊心正流落在民间，替人放羊。项梁便立熊心为楚怀王，以顺从众民的愿望。项梁于是任命陈婴为楚的上柱国，封地五县，并由他来辅助怀王熊心在盱眙建都。项梁自称为武信君。

停留数月，项梁带兵进攻亢父，和齐国的田荣、司马龙且二人所领的兵合救东阿，大破秦军于东阿。田荣当即引兵回去，驱逐了齐王田假。齐王假逃亡到楚国，齐王假的相国田角逃亡到赵国。田角的弟弟田间原是齐国的将军，居留在赵国不敢回去。田荣便立田儋的儿子田市为齐王。项梁击败东阿一带的秦军，接着追击他们，几次派使者到齐国，催促齐国出兵，想与他们一同西进。田荣说：『楚国如果杀了田假，赵国如果杀了田角和田间，齐国就出兵。』项梁说：『田假是盟国之王，穷途末路前来投奔，我们不忍心杀他。』赵国也不愿以杀田角和田间来向齐国示好。齐国于是不愿发兵帮助楚去攻击秦。项梁就派沛公刘邦和项羽从另一路攻打城阳，攻克后屠城。又向西攻破秦军于濮阳之东，秦收拾败兵，入濮阳坚守不出。沛公和项羽于是进攻定陶，定陶未能攻下。便放弃攻定陶之计，领兵西向，攻取秦地至雍丘，大破秦军，杀掉秦国大将李由。然后回军进攻外黄，久攻不下。

项梁引兵自东阿向西进攻，等到了定陶，又大破秦军。此时因项羽等人又斩了李由，项梁更加轻视秦军，显出了骄傲的神色。宋义于是劝谏项梁说：『凡是用兵打仗，如果战胜而将领骄傲，士兵怠惰，那就要失败了。现在士兵已经有些怠惰了，而秦兵一天天增多，我很替将军担忧。』项梁不肯听从，却派宋义出使齐国。宋义在路上遇到齐国使者高陵君显。宋义问高陵君：『您是要去见武信君吧？』高陵君说：『是的！』宋义说：『依我的推断，武信君项梁必然兵败！您慢去就可以免死，去得太快说不定就很危险了。』高陵君听信了宋义的话，行程延缓下来。秦军果然全力起兵增援章邯，进击楚兵，大破楚兵于定陶，项梁战死。沛公刘邦和项羽退离外黄，转攻陈留。陈留坚守，不能攻下。沛公和项羽互相商量说：『现在武信君被击垮，士兵都很害怕。』于是和吕臣同时领兵东归。吕臣军驻彭城东，项羽军驻彭城西，沛公刘邦军驻在砀县。

章邯已破项梁军，则以为楚地兵不足忧，乃渡河击赵，大破之。当此时，赵歇为王，陈余为将，张耳为相，皆走入巨鹿城。章邯令王离、涉间围巨鹿，章邯军其南，筑甬道而输之粟。陈余为将，将卒数万人而军巨鹿之北，此所谓河北之军也。

楚兵已破于定陶，怀王恐，从盱台之彭城，并项羽、吕臣军自将之。以吕臣为司徒，以其父吕青为令尹。以沛公为砀郡长，封为武安侯，将砀郡兵。

初，宋义所遇齐使者高陵君显在楚军，见楚王曰：『宋义论武信君之军必败，居数日，军果败。兵未战而先见败征，此可谓知兵矣。』王召宋义与计事而大说之，因置以为上将军，项羽为鲁公，为次将，范增为末将，救赵。诸别将皆属宋义，号为卿子冠①军。行至安阳，留四十六日不进。项羽曰：『吾闻秦军围赵王巨鹿，疾引兵渡河，楚击其外，赵应其内，破秦军必矣。』宋义曰：『不然。夫搏牛之虻不可以破虮虱。今秦攻赵，战胜则兵罢，我承其敝②；不胜，则我引兵鼓行而西，必举③秦矣。故不如先斗秦、赵。夫被坚执锐，义不如公；坐而运策，公不如义。』因下令军中曰：『猛如虎，狠如羊，贪如狼，强不可使者，皆斩之。』

乃遣其子宋襄相齐，身送之至无盐，饮酒高会。天寒大雨，士卒冻饥。项羽曰：『将戮力而攻秦，久留不行。今岁饥民贫，士卒食芋菽，军无见粮，乃饮酒高会，不引兵渡河因赵食，与赵并力攻秦，乃曰「承其敝」。夫以秦之强，攻新造之赵，其势必举赵。赵举而秦强，何敝之承！且国兵新破，王坐不安席，埽境内而专属于将军，国家安危，在此一举。今不恤士卒而徇其私，非社稷之臣。』项羽晨朝上将军宋义，即其帐中斩宋义头，出令军中曰：『宋义与齐谋反楚，楚王阴令羽诛之。』当是时，诸将皆慑服，莫敢枝梧。皆曰：『首立楚者，将军家也。今将军诛乱。』乃相与共立羽为假④上将军。使人追宋义子，及之齐，杀之。使桓楚报命于怀王。怀王因使项羽为上将军，当阳君、蒲将军皆属项羽。

项羽已杀卿子冠军，威震楚国，名闻诸侯。乃遣当阳君、蒲将军将卒二万渡河，救巨鹿。战少利，陈余复请兵。项羽乃悉引兵渡河，皆沉船，破釜甑，烧庐舍，持三日粮，以示士卒必死，无一还心。于是至则围王离，与秦军遇，九战，绝其甬道，大破之，杀苏角，虏王离。涉间

不降楚，自烧杀。当是时，楚兵冠诸侯。诸侯军救巨鹿下者十余壁⑤，莫敢纵兵。及楚击秦，诸将皆从壁上观。楚战士无不一以当十，楚兵呼声动天，诸侯军无不人人惴恐。于是已破秦军，项羽召见诸侯将，入辕门，无不膝行而前，莫敢仰视。项羽由是始为诸侯上将军，诸侯皆属焉。

注释 ①卿子：当时对人的尊称。冠：超出众人，居第一位。②承：同『乘』。趁，利用。敝：疲惫。③举：攻取，占领。④假：代理。⑤壁：壁垒，营垒。

译文 章邯击破项梁之后，就认为楚兵不足担忧，于是引兵北渡黄河进攻赵国，大破赵军。这时候赵歇为赵王，陈余为赵大将，张耳为赵相国，都退入巨鹿城。章邯命部将王离、涉间围困巨鹿，章邯自己驻军在巨鹿之南，修筑甬道，替他们运输粮草。陈余为赵将，率兵数万人驻守巨鹿之北，这就是所谓的河北军。

楚兵既已在定陶大败，怀王很恐惧，从盱眙来到彭城，把项羽和吕臣两人的军队加以合并，收归自己统率。以吕臣为司徒，以吕臣的父亲吕青为令尹，以沛公刘邦为砀郡郡守，并封刘邦为武安侯，领砀郡兵。

先前宋义所遇到的齐国使者高陵君显还在楚军中，见了楚王。高陵君说：『宋义推断武信君项梁的兵必败，过了几天，项梁兵果然败了。兵还没有出战，就可以看出失败的征兆，这真可以说是懂得用兵的了。』楚怀王因此召宋义来议事。怀王十分喜欢宋义，因此任宋义为上将军，项羽为鲁公，为次将；范增为末将，出兵救赵。其他各部将领都由宋义直辖，宋义号为卿子冠军。

出兵之后，行到安阳，停留四十六天，不再前进。项羽对宋义说：『我听说秦军在巨鹿围困赵王，我们应尽快率兵渡河，楚兵从外围进击，赵兵在城中杀出，内外夹攻，必定可以打垮秦兵。』宋义说：『不然，要拍死牛背上大的牛虻，不可以杀牛身上小的虮虱。我的志在大，不在小。现在秦兵正在全力围攻赵国，如果获胜，他们一定已经疲惫不堪。我们正好抓住时机，可以破秦。如果秦兵不胜，我们就直引大兵，擂鼓长驱西向，必定能击败秦兵了！所以为今之计，不如先让秦赵相斗，我们等待取利。若论披甲胄，执兵器，冲锋陷阵，宋义不如你，但是坐下来运用策略，你可就不如我宋义了！』于是下令给军中：『猛如虎，狠如羊，贪如狼，倔强而不听指挥的人，一律斩首！』这显然是对项羽而言。

宋义随后派儿子宋襄去齐国为相，亲自送到无盐，大摆宴席。当时天寒大雨，士卒却既冷又饿。项羽对将士说：『现在大家正该合力攻秦，你却迟迟按兵不动。又加上今年收成不好，百姓穷困，因此我们的士兵都吃芋头豆类等蔬菜，军中没有半点存粮，而宋义还要饮酒大会贵宾，不肯引兵渡河，不去从赵国取得食粮，不肯和赵国合力攻秦，却说：「等着秦兵疲败。」凭秦军的强大，攻击新建的赵国，从情势上看，必定破赵无疑。赵破而秦更强，还有什么秦兵疲败的机会可乘？况且楚军新近吃了败仗，君王坐不安席，把境内全部的兵力集中交给上将军一人指挥。国家的安危，就在此一举。现在上将军不顾念国家，不体恤士卒，却派自己的儿子去相齐，谋取私利，不是能够安定社稷的臣子。」项羽早晨去见上将军宋义，就在帐中斩下宋义的首级。发令于军中说：『宋义和齐国同谋反楚，楚怀王密令我杀了他！』这时侯诸将都畏服项羽，没人敢有异议。大家都说：『首先拥立楚王的是将军家。现在将军杀了作乱之人，又有大功。』于是共同立项羽为代理上将军。项羽派人追宋义的儿子宋襄，追到齐地，赶上，杀了宋襄。项羽派桓楚去向楚怀王报告，怀王便传命任项羽为上将军，当阳君、蒲将军都归属项羽。

项羽已经杀了卿子冠军宋义，威名震撼楚国，声名遍闻于诸侯。项羽于是派遣当阳君、蒲将军两人率领两万人渡过漳河，援救巨鹿。两人小有胜利。赵将陈余又请项羽多出兵。项羽便率全部军队渡过漳河。过了河以后，便把船都沉入水中，把做饭的锅和蒸饭用的瓦甑都敲破，把房屋都烧掉，保留三天的粮食，以向士兵表示，如不能战胜，就只有死，没有后退的可能，士卒于是没一个人有退却之心。于是大军一到就围攻王离。楚军勇猛作战，九战九胜，阻断了秦军的甬道，大破秦军；杀了秦将苏角，俘虏了王离。涉闲不肯降楚，引火自焚而死。当此之际，楚兵勇气百倍，雄冠诸侯。诸侯军前来救赵，兵到巨鹿的，筑有十多个大营垒，但都不敢出兵。等到楚军攻击秦军的时候，诸侯军将领都躲在壁垒上观望。这时的楚军将士无不以一当十，楚兵作战之时，呼喊叱咤，声震天地，诸侯军即使在壁上观望，都无不人人恐怖畏惧，惊骇万分。于是项羽在大破秦军之后，召见各诸侯将领。诸侯将领一进辕门，都跪倒在地，膝行向前，没有谁敢抬头仰视。项羽由此开始，做了诸侯上将军，所有诸侯军队都归属项羽部下，项羽成为诸侯统帅。

章邯军棘原，项羽军漳南，相持未战。秦军数却，二世使人让①章邯。章邯恐，使人见项羽，欲约。项羽召军吏谋曰：『粮少，欲听其约。』军吏皆曰：『善。』项羽乃与期洹水南殷虚上。已盟，章邯见项羽而流涕，为言赵高。项羽乃立章邯为雍王，置楚军中。使长史欣为上将军，将秦军为前行。到新安。诸侯吏卒异时故繇使屯戍过秦中，秦中吏卒遇之多无状，及秦军降诸侯，诸侯吏卒乘胜多奴虏使之，轻折辱秦吏卒。秦吏卒多窃言曰：『章将军等诈吾属降诸侯，今能入关破秦，大善；即不能，诸侯

虏吾属而东，秦必尽诛吾父母妻子。』诸侯微闻其计，以告项羽。项羽乃召黥布、蒲将军计曰：『秦吏卒尚众，其心不服，至关中不听，事必危，不如击杀之，而独与章邯、长史欣、都尉翳入秦。』于是楚军夜击坑秦卒二十余万人新安城南。

注释 ①让：责问，责备。

译文 章邯驻守棘原，项羽兵屯漳南，两军相持。还没有作战，秦军就数次退却，秦二世皇帝派使者责备章邯。章邯恐惧，派人见项羽，又要求订约投降。项羽召集军官们商议说：『部队粮草不多，我想答应他们来订约。』军吏都说：『好。』项羽便和章邯订期在洹水南殷虚上相见。订完了盟约，章邯见了项羽，禁不住流下眼泪，向项羽述说了赵高的种种劣行。项羽便立章邯为雍王，安置在楚军之中。派长史司马欣为上将军，统领秦军，作为前锋，向西进攻。行至新安，诸侯军的官兵以前曾经被征徭役，驻守边塞，路过秦中时，秦中官兵很多人对待他们不像样子，等到秦军投降之后，诸侯军的官兵很多人就借着胜利的威势，像对待奴隶一样地使唤他们，随意侮辱。秦吏卒难以忍受，偷偷地议论说：『章将军骗我们投降诸侯，如今假使能够攻入关中，击破秦国，当然很好，如果不能，诸侯必然俘虏我们返回东方，那时我们留在关中的父母妻子必定会被秦王全部杀死。』诸侯军将领们暗地访知秦军官兵的这些议论，就报告了项羽。项羽便召来黥布和蒲将军，秘密计议说：『秦军降吏降卒人数还不少，他们心中仍旧不服，如果到了关中，不听我们的指挥，事情就危险了。不如把这些人都杀了，只和章邯、长史司马欣、都尉董翳入秦。』于是楚军趁夜把秦军二十余万人击杀坑埋在新安城南。

行①略定秦地。函谷关有兵守关，不得入。又闻沛公已破咸阳，项羽大怒，使当阳君等击关。项羽遂入，至于戏西。沛公军霸上，未得与项羽相见。沛公左司马曹无伤使人言于项羽曰：『沛公欲王关中，使子婴为相，珍宝尽有之。』项羽大怒，曰：『旦日飨士卒，为击破沛公军！』当是时，项羽兵四十万，在新丰鸿门，沛公兵十万，在霸上。范增说项羽曰：『沛公居山东时，贪于财货，好美姬。今入关，财物无所取，妇女无所幸，此其志不在小。吾令人望其气，皆为龙虎，成五采，此天子气也。急击勿失。』

楚左尹项伯者，项羽季父也，素善留侯张良。张良是时从沛公，项伯乃夜驰之沛公军，私见张良，具告以事，欲呼张良与俱去。曰：『毋从俱死也。』张良曰：『臣为韩王送沛公，沛公今事有急，亡去不义，不可不语。』良乃入，具告沛公。沛公大惊，曰：『为之奈何？』张良曰：『谁为大王为此计者？』曰：『鲰生说我曰「距关，毋内诸侯，秦地可尽王也」。故听之。』良曰：『料大王士卒足以当项王乎？』沛公默然，曰：『固不如也，且为之奈何？』张良曰：『请往谓项伯，言沛公不敢背项王也。』沛公曰：『君安与项伯有故？』张良曰：『秦时与臣游，项伯杀人，臣活之。今事有急，故幸来告良。』沛公曰：『孰与君少长？』良曰：『长于臣。』沛公曰：『君为我呼入，吾得兄事之。』张良出，要项伯。项伯即入见沛公。沛公奉卮酒为寿，约为婚姻，曰：『吾入关，秋毫不敢有所近，籍吏民，封府库，而待将军。所以遣将守关者，备他盗之出入与非常也。日夜望将军至，岂敢反乎！愿伯具言臣之不敢倍德②也。』项伯许诺。谓沛公曰：『旦日不可不蚤自来谢项王③。』沛公曰：『诺。』于是项伯复夜去，至军中，具以沛公言报项王。因言曰：『沛公不先破关中，公岂敢入乎？今人有大功而击之，不义也，不如因善遇之。』项王许诺。

注释 ①行：即刻。②倍德：忘恩负义。倍，同『背』。③蚤：通『早』。谢项王：向项王陪罪。谢，谢罪，道歉。

译文 大军向西攻向秦地。到了函谷关，有兵守住关隘，无法进入。又听说沛公已经攻下了咸阳，项羽非常生气，就派当阳君等攻打函谷关。长驱直入，到了戏西。当时沛公刘邦驻扎霸上，未得与项羽相见。沛公的左司马曹无伤派人告诉项羽说：『沛公想在关中称王，让秦王子婴为相，珍奇宝物都占为己有了。』项羽大怒，说：『明日一早，准备酒食犒劳士卒，出兵攻破刘邦的军队！』这个时候，项羽的兵有四十万，驻在新丰鸿门。沛公刘邦的兵只有十万，驻在霸上。范增劝项羽说：『沛公住在山东的时候，贪图财货，宠爱美女。现在进了关，财物什么都不取，美女也没亲近一个，看这势头他的志气可不小啊。我命人望气，发现沛公那边的云气呈现龙虎五彩的景象，这是天子之气。赶快攻击刘邦，消灭了他，千万不要误了时机。』

楚左尹项伯是项羽的叔父，一直和留侯张良要好。张良这时正跟随沛公，项伯连夜驱马跑到沛公军中，私下会见了张良，把事情全都告诉了他，想叫张良跟他一起离开。项伯对张良说：『不要白白和他们一起送死！』张良说：『我是为韩王送沛公来的，如今沛公有急难，我自己逃走，这是不义的，我不能不报告沛公。』张良于是进入军帐，把项伯的话全部告诉了沛公。沛公大惊，说：『这如何是好？』张良说：『是谁给您出的派兵守关这个主意？』沛公说：『是鲰生。他向我建议，守住函谷关，不要让诸侯入关，那么秦地就都属于我，可

以称王了。所以我听了他的。』张良说：『沛公估计一下，我们的军队能够抵挡项羽的攻击吗？』沛公沉默不语，过了一会说：『当然敌不过，那怎么办呢？』张良说：『这事只有请沛公自己向项伯说明，说沛公不敢背叛项羽。』沛公问：『你怎么会和项伯有交情呢？』张良说：『还是在秦朝的时候，我们就有交往，项伯杀了人，我使他免了死罪。如今事情危急，幸亏他告诉我这个消息。』沛公问：『项伯和你谁年长？』张良说：『项伯比臣大。』沛公说：『您替我请他进来，我要像对待兄长一样侍奉他。』于是张良出去，请来项伯。项伯进来见沛公。沛公捧着酒杯，向项伯献酒祝寿，又定下了儿女婚姻。沛公说：『我入关以后，秋毫不犯，吏民都造册存籍，府库公产都加封，专为等待项将军来接收。我所以派将守关，是为了防备其他盗贼窜入和意外的变故。我们日夜盼着项将军到来，哪里敢谋反啊！千万请伯兄向项将军进言，详细表明刘邦之心：刘邦不敢背德，绝无二心。』项伯应许沛公，一定向项羽解释。项伯嘱咐沛公说：『明早不可以不早来向项王谢罪。』沛公应道：『是！』于是项伯又乘夜离开，回到军营中，把沛公的话一一报告了项王。随即对项羽说：『假如不是沛公先击破关中秦军，将军怎能径直入关呢？如今人家有大功反而要攻打人家，这是不符合道义的，不如就此好好对待他。』项羽认为项伯之言有理，于是答应项伯，善待沛公。

沛公旦日从百余骑来见项王，至鸿门，谢曰：『臣与将军戮力而攻秦，将军战河北，臣战河南，然不自意能先入关破秦，得复见将军于此。今者有小人之言，令将军与臣有郤。』项王曰：『此沛公左司马曹无伤言之，不然，籍何以至此？』项王即日因留沛公与饮。项王、项伯东向坐。亚父南向坐。亚父者，范增也。沛公北向坐，张良西向侍。范增数目项王，举所佩玉玦以示之者三，项王默然不应。范增起，出召项庄，谓曰：『君王为人不忍，若①入前为寿，寿毕，请以剑舞，因击沛公于坐，杀之。不者②，若属皆且为所虏。』庄则入为寿，寿毕，曰：『君王与沛公饮，军中无以为乐，请以剑舞。』项王曰：『诺。』项庄拔剑起舞，项伯亦拔剑起舞，常以身翼蔽沛公，庄不得击。

于是张良至军门，见樊哙。樊哙曰：『今日之事何如？』良曰：『甚急。今者项庄拔剑舞，其意常在沛公也。』哙曰：『此迫矣，臣请入，与之同命。』哙即带剑拥盾入军门。交戟③之卫士欲止不内，樊哙侧其盾以撞，卫士仆地，哙遂入，披帷西向立，瞋目视项王，头发上指，目眦尽裂。项王按剑而跽④曰：『客何为者？』张良曰：『沛公之参乘⑤樊哙者也。』项王曰：『壮士，赐之卮酒。』则与斗卮酒。哙拜谢，起，立而饮之。项王曰：

『赐之彘肩。』则与一生彘肩。樊哙覆其盾于地，加彘肩上，拔剑切而啖之。项王曰：『壮士，能复饮乎？』樊哙曰：『臣死且不避，卮酒安足辞！夫秦王有虎狼之心，杀人如不能举，刑人如恐不胜，天下皆叛之。怀王与诸将约曰「先破秦入咸阳者王之」。今沛公先破秦入咸阳，毫毛不敢有所近，封闭宫室，还军霸上，以待大王来。故遣将守关者，备他盗出入与非常也。劳苦而功高如此，未有封侯之赏，而听细说⑥，欲诛有功之人。此亡秦之续耳，窃为大王不取也。』项王未有以应，曰：『坐。』樊哙从良坐。

坐须臾，沛公起如厕，因招樊哙出。沛公已出，项王使都尉陈平召沛公。沛公曰：『今者出，未辞也，为之奈何？』樊哙曰：『大行不顾细谨，大礼不辞小让。如今人方为刀俎，我为鱼肉，何辞为。』于是遂去。乃令张良留谢。良问曰：『大王来何操⑦？』曰：『我持白璧一双，欲献项王，玉斗一双，欲与亚父，会⑧其怒，不敢献。公为我献之。』张良曰：『谨诺。』

当是时，项王军在鸿门下，沛公军在霸上，相去四十里。沛公则置车骑，脱身独骑，与樊哙、夏侯婴、靳强、纪信等四人持剑盾步走，从郦山下，道芷阳间行。沛公谓张良曰：『从此道至吾军，不过二十里耳。度我至军中，公乃入。』沛公已去，间至军中，张良入谢，曰：『沛公不胜杯杓，不能辞。谨使臣良奉白璧一双，再拜献大王足下；玉斗一双，再拜奉大将军足下。』项王曰：『沛公安在？』良曰：『闻大王有意督过之，脱身独去，已至军矣。』项王则受璧，置之坐上。亚父受玉斗，置之地，拔剑撞而破之，曰：『唉！竖子不足与谋。夺项王天下者，必沛公也，吾属今为之虏矣。』沛公至军，立诛杀曹无伤。

居数日，项羽引兵西屠咸阳，杀秦降王子婴，烧秦宫室，火三月不灭；收其货宝妇女而东。人或说项王曰：『关中阻山河四塞，地肥饶，可都以霸。』项王见秦宫皆以烧残破，又心怀思欲东归，曰：『富贵不归故乡，如衣绣夜行，谁知之者！』说者曰：『人言楚人「沐猴而冠耳」，果然。』项王闻之，烹说者。

注释　①若：你。②不者：不然的话。『不』，同『否』，不然。③交戟：把戟交叉起来。④跽：长跪，挺直上身跪起来。⑤参乘：即『骖乘』，古代主将战车上居于右侧担任护卫的武士，又叫车右。⑥细说：指小人的谗言。⑦何操：手里拿了什么。操，持，拿。⑧会：正巧。

译文　次日早晨，沛公仅带了随从百余骑士来见项羽，到了鸿门，向项羽谢罪说：『我跟将军合力攻秦，将军在河北作战，

我在河南作战。但是我自己也没想到能先入关攻破秦国，而能再和将军在这里相见。现在是有小人说了什么坏话，才使得将军和我之间产生了嫌隙。』项羽说：『这是沛公你的左司马曹无伤说的，不然，我何至于如此？』项羽当即留沛公一同饮酒。项羽和项伯东向而坐，亚父范增朝南而坐，沛公向北，张良面朝西陪侍着。范增好几次给项王递眼色，又好几次举起身上佩戴的玉玦向他示意，项王只是沉默着，没有反应。范增看情形不对，站起来走出去，召来项庄。范增对项庄说：『君王为人心肠太软，不忍亲自下手。你进帐去，上前向沛公敬酒，敬完酒，你就请求在座前舞剑，乘舞剑之便，刺杀沛公在他的座上。不然的话，你们这班人都将成为人家的俘虏啦。』项庄于是进入帐中，向沛公刘邦敬酒。敬完酒，项庄说：『君王和沛公饮酒，军中没有什么可供娱乐的。请允许我舞剑以作娱乐。』项羽说：『好！』项庄就拔剑起舞，项伯也拔剑起舞，常常用身体掩护沛公，项庄没有办法刺击沛公。

张良一见形势不对，忙起身出帐，到军门找到樊哙。樊哙问张良：『今天的事情怎样？』张良说：『很危急！现在项庄正在舞剑，他一直在打沛公的主意呀！』樊哙说：『这可太紧急了！我进去，和沛公同生同死！』樊哙就带了宝剑，持着盾，进入军门。交叉持戟的卫士想挡住不让他进去。樊哙持盾掩着身体，向卫兵撞去，卫兵倒地，樊哙就进入了大帐。樊哙挑开帷帐面朝西站定，睁圆眼睛怒视项王，头发根根竖起，两边眼角都要睁裂了。项羽大吃一惊，按剑直起身大声问道：『来客是什么人？』张良说：『这是沛公的随身护卫樊哙！』项羽说：『真是位壮士！赐他一杯酒！』左右便送过一大杯酒。樊哙拜谢，起立，一饮而尽。项羽说：『赐给他一只猪肘！』左右又送过去一只生猪肘。樊哙把盾牌反扣在地上，把猪肘放在上面，拔出剑来边切边吃。项羽看着樊哙，大为赞许地说：『真是壮士！你能再喝酒吗？』樊哙大声说：『我连死都不在乎，一杯酒又有什么可推辞的！现在秦王暴虐狠毒，有虎狼之心，杀人好像唯恐杀不完，给人用刑好像唯恐用不尽，天下人苦痛不堪，都起而反秦。怀王曾经和诸将约定说「先击败秦军进入咸阳，让他在关中为王。」如今沛公先破秦，进入咸阳，连毫毛那么细小的财物都不敢接近，封闭宫室，回军霸上，专等大王前来接管。所以要派遣将士守函谷关，是为了防备其他盗贼进来和意外的变故。沛公如此劳苦功高，没有得到封侯的赏赐，您反而听信小人的谗言，要杀害有功之人。这样的做法，不过走已亡的暴秦的老路而已！以樊哙愚见，大王实不该如此！』项羽听了樊哙一大篇谈论，竟无言以对，只说：『你坐！』樊哙于是随张良坐在一起。

坐了一会儿，沛公起身上厕所，顺便把樊哙叫了出来。沛公出帐以后，项羽就派都尉陈平去召沛公回来。沛公和樊哙商议说：『我现在出来了，但是出来的时候没有告辞，这怎么办？』樊哙说：『干大事不必顾及小的礼节，讲大节无须躲避小的谦让，如今人家好比是刀子砧板，而我们好比是鱼是肉，还告辞干什么！』于是沛公决定脱身离去，就令张良留下来，向项羽辞谢。张良就问：『沛公今天来这里，带了什么礼物？』沛公说：『我拿来白璧一双，准备献给项王；玉斗一对，准备献给亚父。但看他们正在发怒，我不敢献。你替我献给他们好了。』张良说：『遵命！』

这时项羽的军队在鸿门，沛公的军队在霸上，两地相去四十里。沛公扔下车马、侍从，脱身而走，他独自一人骑马，樊哙、夏侯婴、靳强、纪信等四人手持剑盾，跟在后面徒步奔跑，从骊山而下，顺着芷阳抄小路而行。沛公临行前对张良说：『从这条小路到我军驻处，不过二十里而已。你估计项羽来不及追我，我能先到军中的时候，就进帐向项羽辞谢。』沛公等一行离开鸿门，抄小路回到军营，张良进去致歉，说道：『沛公酒量不大，喝得多了点，不能跟大王告辞了。谨派我奉白璧一双，再拜献上大王足下。玉斗一双，再拜献上大将军足下。』张良奉上白璧和玉斗。项羽说：『沛公现在哪里？』张良说：『听说大王有意责怪他，他就脱身一个人走了，现在已经回到军营。』项王便接受了白璧，放在座上。范增接过玉斗，放在地上，拔剑一击，玉斗粉碎！范增又恨又怒地叹息说：『唉！项庄这班小子没法跟他们共谋大事，夺取项王天下的，一定是沛公了。我们这些人今后就要成为刘邦的俘虏了！』沛公回到军中，立刻杀了曹无伤。

过了几天，项羽引兵西进，屠杀咸阳军民，杀了秦王子婴，烧了秦朝的宫室，大火三个月都不熄灭；劫掠了秦朝的财宝、妇女，往东走了。这时有人向项羽建议说：『关中之地，有山河险阻，四面有关塞之隘，其间土地肥沃，可以建都以成霸业。』但项王看到秦朝宫室都被火烧得残破不堪，又思念家乡想回去。项羽便说：『富贵而不归故乡，就像身穿锦绣夜间出游，谁知道他已经富贵了呢？』那个劝说项羽的人出来说：『人说楚国人像是猕猴戴了人的帽子，果真是这样。』项羽听人报告了这些话，大怒，烹杀了那个人。

项王使人致命①怀王。怀王曰：『如约②。』乃尊怀王为义帝。项王欲自王，先王诸将相。乃分天下，立诸将为侯王。故立沛公为汉王，王巴、蜀、汉中，都南郑。项王自立为西楚霸王，王九郡，都彭城。汉之元年四月，诸侯罢戏下，各就国。

注释 ①致命：通报。②如约：指按先前所说『先破秦入咸阳者王之』的约定办。如，按照，遵循。

译文 项羽派人把消息送给楚怀王，希望楚怀王能许项羽为

王。楚怀王说：『应照原来的约定行事！』于是项王给怀王一个徒具虚名的尊贵称号叫义帝。实际上是不听楚怀王之命，而要自己为王。于是便分割天下之地，由项羽封诸侯将相为侯王。立沛公刘邦为汉王，有巴、蜀、汉中之地，以南郑为都。项王自立为西楚霸王，有九郡之地，以彭城为都。汉元年四月，诸侯受封已毕，在大将军的旗帜下罢兵，分别前往各自的封国。

二十四史精华
汉书
汉·班固著

汉书精华

霍光传

霍光，字子孟，票骑①将军去病②弟也。父中孺，河东平阳人也，以县吏给事平阳侯家，与侍者卫少儿私通而生去病。中孺吏毕归家，娶妇生光，因绝不相闻。久之，少儿女弟子夫③得幸于武帝，立为皇后，去病以皇后姊子贵幸。既壮大，乃自知父为霍中孺，未及求问。会为票骑将军击匈奴，道出河东，河东太守郊迎，负弩矢先驱，至平阳传舍，遣吏迎霍中孺。中孺趋入拜谒，将军迎拜，因跪曰：『去病不早自知为大人遗体也。』中孺扶服④叩头，曰：『老臣得托命将军，此天力也。』去病大为中孺买田宅、奴婢而去。还，复过焉，乃将光西至长安，时年十余岁，任光为郎，稍迁诸曹⑤、侍中。去病死后，光为奉车都尉⑥、光禄大夫，出则奉车，入侍左右，出入禁闼二十余年，小心谨慎，未尝有过，甚见亲信。征和二年⑦，卫太子为江充⑧所败，而燕王旦、广陵王胥⑨皆多过失。是时，上年老，宠姬钩弋赵婕妤⑩有男，上心欲以为嗣，命大臣辅之。察群臣唯光任大重，可属社稷⑪。上乃使黄门画者画周公负成王⑫朝诸侯以赐光。后元二年春，上游五柞宫⑬，病笃，光涕泣问曰：『如有不讳，谁当嗣者？』上曰：『君未谕前画意邪？立少子，君行周公之事。』上以光为大司马大将军，日磾⑭为车骑将军，及太仆⑮上官桀为左将军，搜粟都尉桑弘羊⑯为御史大，皆拜卧内床下，受遗诏辅少主。明日，武帝崩，太子袭尊号，是为孝昭皇帝。帝年八岁，政事一决于光。遗诏封光为博陆侯⑰。

注释　①票骑：汉代将军名号，《史记》作『骠骑』。②去病：霍去病（前一四〇～前一一七），西汉名将，与卫青齐名。六次出击匈奴，打开通往西域的通道，解除了匈奴对汉王朝的威胁。③子夫：卫子夫（？～前九十一），原本是平阳公主家的歌女，侍宴时被汉武帝看中，入宫，生戾太子，立为皇后。弟卫青官至大司马大将军。后因戾太子事为武帝所废，自杀。④扶服：同『匍匐』，伏地而行。⑤诸曹：各分科办事的官署。⑥奉车都尉：为天子掌管乘舆的武官。⑦征和二年：前九一年。『征和』是汉武帝的年号。⑧江充：汉武帝末年任直指绣衣使者。武帝晚年常怀疑身边有人用蛊术诅咒他，派江充至太子宫掘地，挖到桐木人，太子遭到诬陷，趁武帝避暑甘泉宫，告令百官说江充谋反，于是斩杀江充。太子自杀后，武帝渐明真相，令车千秋复查太子冤情，族灭江充家。⑨广陵王胥：广陵厉王刘胥，武帝第四子。喜好倡乐逸游，力能扛鼎，但行为不遵法度。汉昭帝即位，广陵王指使女巫诅咒，后来事发，用丝带上吊而死。⑩赵婕妤：河间（治所在今河北献县东南）人，生病六年以后两手拳曲。武帝狩猎路过河间的时候，张开她的双手，手指即时伸直，由此得到皇帝宠幸，入宫为婕妤。婕妤、嫔妃的称号在汉武帝时期开始设置，次于皇后、昭仪，位列第三。⑪社稷：土神和谷神。借指国家。⑫画周公负成王：周武王死后，他的儿子周成王继位，由于成王年少，所以由武王之弟周公旦辅政。『画周公负成王』，即以图画形式表达周公辅少主政的内容。⑬五柞宫：汉武帝所造离宫，在扶风周至（今陕西省周至县东南），有五棵三人合抱的柞树，故名。⑭日磾：金

日磾（前一三四～前八十六），原本是匈奴休屠王太子，武帝时从昆邪王归汉，任侍中。武帝临终的时候，下遗诏封为秺侯。⑮太仆：掌舆马的官。⑯桑弘羊（前一五二～前八十）：西汉洛阳（今河南洛阳东）人，武帝时制订、推行盐铁酒类的官营政策，抑止富商巨贾的势力。前八十年（元凤元年）与上官桀通同谋反被杀。⑰博陆侯：博，广大；陆，平正。食邑在北海、河间、东郡。

译文 霍光，字子孟，是骠骑将军霍去病的弟弟。父亲霍中孺，河东郡平阳县人，以县吏的身份替平阳侯家办事，跟侍女卫少儿私通生下了霍去病。霍中孺办完事回家，娶妻生下霍光，就此隔绝互相不知音讯。多年以后，卫少儿的妹妹卫子夫受到汉武帝宠幸，立为皇后，霍去病因为是皇后姊姊的儿子而尊贵得宠。长大以后，知道父亲是霍中孺，还没顾上探访寻问，正好任骠骑将军出击匈奴，路经河东郡，河东太守到郊外迎接，他背着弓箭先驱马到平阳旅舍，派手下人迎接霍中孺。霍中孺急步进来拜见，将军也下拜迎候，跪着说：『去病没能早日知道是父亲大人给予之身。』霍中孺伏在地上叩头，说：『老臣能够把生命寄托在将军身上，这是上天的力量啊。』霍去病为霍中孺置买了大量的土地、房屋、奴婢而去。回来时，又从那儿经过，就带着霍光西行到了长安，当时霍光年纪才十几岁，任他为郎官，不久又升到诸曹侍中。霍去病死后，霍光

任奉车都尉光禄大夫，武帝出行他就照管车马，回宫就侍奉在左右，出入宫门二十多年，小心谨慎，未曾有什么过错，很受武帝亲近和信任。征和二年，卫太子因受到江充的诬陷而自杀，而燕王旦、广陵王胥又都有很多过失。这时武帝已年老，他的宠妃钩弋宫赵婕妤有个男孩，武帝心里想让他继承皇位，命大臣辅助他。仔细观察众大臣，只有霍光能负此重任，可以把国家大事托付给他。武帝就叫黄门画工画了一幅周公抱着成王接受诸侯朝见的图画赐给霍光。后元二年春天，武帝出游五柞宫，得了重病，霍光流泪抽泣问道：『如果有了意外，该谁继承皇位？』武帝说：『你不明白上次图画的意思吗？立小儿子，你担当周公的职务。』武帝让霍光任大司马大将军，金日磾任车骑将军，加上太仆上官桀任左将军，搜粟都尉桑弘羊任御史大夫，都拜伏在卧室内的床下，接受遗诏辅佐少主。第二天，武帝逝世，太子继承天子的尊号，就是孝昭皇帝。昭帝年方八岁，国家大事全由霍光决断。武帝遗诏封霍光为博陆侯。

光为人沉静详审，长才七尺三寸①，白皙，疏眉目，美须髯。每出入下殿门，止进有常处，郎仆射窃识视之，不失尺寸，其资性端正如此。初辅幼主，政自己出，天下想闻其风采。殿中尝有怪，一夜群臣相惊，光召尚符玺郎②，郎不肯授光。光欲夺之，郎按剑曰：『臣头可得，玺不可得也！』光甚谊之。明日，诏增此郎秩③二等。众庶莫不多光。

光与左将军桀结婚相亲，光长女④为桀子安妻，有女年与帝相配，桀因帝姊鄂邑盖主⑤内安女后宫为婕妤⑥，数月立为皇后。父安为票骑将军，封桑乐侯。光时休沐出，桀辄入代光决事。桀父子既尊盛，而德长公主。公主内行不修，近幸河间丁外人。桀、安欲为外人求封，幸依国家故事以列侯尚公主者，光不许。又为外人求光禄大夫，欲令得召见，又不许。长主大以是怨光。而桀、安数为外人求官爵弗能得，亦惭。自先帝时，桀已为九卿，位在光右。及父子并为将军，有椒房⑦中宫之重，皇后亲安女，光乃其外祖，而顾专制朝事，由是与光争权。

注释 ①七尺三寸：一汉尺约合二十七点六五厘米，七尺三寸约合一点八一米。②尚符玺郎：掌管帝王符节、玉玺的郎官。③秩：官吏的俸禄；引申为职位、品级。④光长女：霍光嫡妻东闾氏所生。⑤鄂邑盖主：汉昭帝的大姊，即下文的『长公主』。鄂邑，长公主的食邑地。称盖主是以盖侯为驸马。⑥婕妤：宫中女官名，汉代设置。⑦椒房：汉代后妃所居，以椒和泥涂壁，取其性温，有香，多子的含义。

译文 霍光为人沉着冷静、细致慎重，身高达七尺三寸，皮肤白皙，眉、眼分得很开，须髯很美。每次从下殿门进出，停顿、前进有固定的地方，郎仆射暗中做了标记一看，尺寸丝毫不差，他的资质本性端正就像这样。开始辅佐幼主，政令都由他亲自发出，天下人都想看到他的风采。宫殿中曾出现过怪异的现象，一夜间大臣们互相惊扰，霍光召来符玺郎要玺，郎官不肯交给霍光。霍光想夺玺，郎官手按着剑把说：『臣子的头可以得到，国玺你不能得到！』霍光很赞赏他的忠义。第二天，下诏提升这位郎官官阶两级。老百姓没有不称颂霍光的。

霍光跟左将军上官桀是亲家，霍光的长女是上官桀儿子上官安的妻子，有个女儿年纪跟昭帝正相配，上官桀依靠昭帝的大姊鄂邑盖主把上官安的女儿送进后宫当了婕妤，几个月以后立为皇后。上官安当上了骠骑将军，封桑乐侯。霍光有时休假离开朝廷，上官桀往往进宫代替霍光决定政务。上官桀父子位尊势盛以后，颇感长公主的恩德。公主私生活不太检点，宠幸河间郡的丁外人。上官桀、上官安想替丁外人求个封爵，希望按照国家以列侯匹配公主的惯例，霍光不同意。又为丁外人求光禄大夫之职，想让他能得到皇帝召见，也不同意。长公主为此对霍光大为怨恨。而上官桀、上官安多次为丁外人求官爵不能得到，也感到惭愧。在武帝时，上官桀已经是九卿，官位在霍光之上。现在父子又都是将军，有椒房中宫的关系可以倚重，皇后是上官安的亲生女儿，霍光是她的外祖父，却只管对朝廷里的事搞专制，从此跟霍光争起权来。

燕王旦自以昭帝兄，常怀怨望。及御史大夫桑弘羊建造酒榷、盐铁，为国兴利，伐[1]其功，欲为子弟得官，亦怨恨光。于是盖主、上官桀、安及弘羊皆与燕王旦通谋，诈令人为燕王上书，言『光出都肄[2]羽林，道上称跸[3]，太官先置』。又引『苏武前使匈奴，拘留二十年不降，还乃为典属国[4]，而大将军长史敞[5]亡功为搜粟都尉，又擅调益莫府校尉[6]。光专权自恣，疑有非常，臣旦愿归符玺，入宿卫，察奸臣变』。候司光出沐日奏之。桀欲从中下其事，桑弘羊当与诸大臣共执退光。书奏，帝不肯下。

明旦，光闻之，止画室中不入。上问：『大将军安在？』左将军桀对曰：『以燕王告其罪，故不敢入。』有诏召大将军。光入，免冠顿首谢，上曰：『将军冠。朕知是书诈也，将军亡罪。』光曰：『陛下何以知之？』上曰：『将军之广明，都郎属耳。调校尉以来未能十日，燕王何以得知之？且将军为非，不须校尉。』是时帝年十四，尚书[7]左右皆惊，而上书者果亡，捕之甚急。桀等惧，白上：『小事不足遂。』上不听。

注释 ①伐：自我夸耀的意思。②肄：练习。③跸：帝王出行之前的清道。这里是指责霍光僭越天子的意思。④典

属国：掌管异族投降者的官。⑤敞：即杨敞。原本在大将军幕府为军司马，经霍光累次迁升，最后做到丞相。⑥校尉：汉代军职，位略次于将军。⑦尚书：皇帝左右掌管文书章奏的官。

译文 燕王旦自以为是昭帝兄长，常怀着怨意。再说御史大夫桑弘羊建立了酒的官买制度，垄断了盐、铁的生产，为国家增加了财政收入，自以为功高，想为儿子兄弟弄个官做，也怨恨霍光。于是盖主、上官桀、上官安和桑弘羊都和燕王旦勾结密谋，叫人冒充替燕王上书，说霍光外出聚集郎官和羽林骑练兵，在路上称『为皇上出行清道』，出发前安排官中太官先行。又提到苏武过去出使匈奴，被扣留了二十年不投降，回来才做了典属国，而大将军部下长史杨敞没立功就当了搜粟都尉；又擅自增调将军府的校尉。霍光专权，想怎样就怎样，恐怕有些不正常，他愿意缴回符玺，进宫参加值宿警卫，观察奸臣有什么事变。他乘霍光休假的日子上书。上官桀想通过昭帝把这事批复下来，桑弘羊就可以跟其他大臣一起把霍光抓起来。奏书送上去，昭帝不肯批准。

第二天早上，霍光听说这件事，停留在画室中不进宫。昭帝问：『大将军在哪里？』左将军上官桀回答：『因为燕王告发他的罪状，所以不敢进来。』昭帝下诏召大将军。霍光进宫，除下将军冠叩头自责，昭帝说：『将军戴上冠。我知道这奏书是假的，将军无罪。』霍光说：『陛下怎么知道的？』昭帝说：『将军到广明亭去，召集郎官部属罢了。调校尉到现在不到十天，燕王怎么能知道呢？况且将军要干坏事，并不需要校尉。』当时昭帝才十四岁，尚书和左右的人都感到惊讶，而上奏书的人果然失踪了，追捕得很紧。上官桀等人害怕了，对昭帝说：『小事不值得追究。』昭帝不听。

后桀党与有谮光者，上辄怒曰：『大将军忠臣，先帝所属以辅朕身，敢有毁者坐之。』自是桀等不敢复言，乃谋令长公主置酒请光，伏兵格杀之，因废帝，迎立燕王为天子。事发觉，光尽诛桀、安、弘羊、外人宗族。燕王、盖主皆自杀。光威震海内。昭帝既冠，遂委任光，迄十三年，百姓充实，四夷宾服。

译文 这以后上官桀的党羽有说霍光坏话的，昭帝就发怒说：『大将军是忠臣，先帝嘱托他辅佐我的，有谁敢诽谤就办他的罪。』从此上官桀等人不敢再讲了，就计划让长公主摆宴席请霍光，埋伏兵士击杀他，乘机废昭帝，迎立燕王做天子。事情被发觉，霍光全部诛灭了上官桀、上官安、桑弘羊、丁外人的宗族。燕王、盖主都自杀了。霍光的名声威震海内。昭帝年满二十举行冠礼以后，就把政事委托给霍光，共十三年，百姓衣丰食足，四夷归顺服从。

后汉书

二十四史

精华

南朝宋·范晔著

綫裝國學館

后汉书精华

汉光武帝纪

世祖光武皇帝讳秀①，字文叔，南阳蔡阳人，高祖九世之孙也，出自景帝生长沙定王发。发生舂陵节侯买，买生郁林太守外，外生钜鹿都尉回，回生南顿令钦，钦生光武。光武年九岁而孤，养于叔父良。身长七尺三寸，美须眉，大口，隆准，日角。性勤于稼穑，而兄伯升好侠养士，常非笑光武事田业，比之高祖兄仲。王莽天凤中，乃之长安，受《尚书》②，略通大义。

莽末③，天下连岁灾蝗，寇盗锋起。地皇三年，南阳荒饥，诸家宾客多为小盗。光武避吏新野，因卖谷于宛。宛人李通等以图谶说光武云：『刘氏复起，李氏为辅。』光武初不敢当，然独念兄伯升素结轻客，必举大事，且王莽败亡已兆，天下方乱，遂与定谋，于是乃市④兵弩。十月，与李通从弟轶等起于宛，时年二十八。

注释 ①讳秀：刘世祖光武皇帝名秀。②受《尚书》：拜师学习《尚书》。③莽末：指王莽末年。④市：购置、买办。

译文 刘世祖光武皇帝名秀，字文叔，南阳郡蔡阳县人，汉高祖第九代孙子，出自汉景帝所生长沙定王刘发的那个支系。刘发生舂陵节侯刘买，刘买生郁林太守刘外，刘外生钜鹿都尉刘回，刘回生南顿令刘钦，刘钦生光武。光武九岁时父母双亡，由叔父刘良收养。他身高七尺三寸，须眉浓秀，大嘴，高鼻梁，额骨隆起，生性喜欢种植庄稼，而哥哥刘伯升好行侠养士，曾讥笑光武经营农业，把他比作汉高祖的哥哥刘仲。王莽天凤年间，光武来到长安，拜师学习《尚书》，略通大义。

王莽末年间，天下连年闹蝗灾，盗贼蜂起，地皇三年，南阳发生饥荒，各家的宾客大多去偷盗抢劫。光武为逃避官吏躲到新野，顺便在宛城出售粮食。宛人李通等人用图谶鼓动光武说：『刘氏复兴，李氏为辅。』光武起初不敢答应，然而暗自思量哥哥伯升一向结交豪杰，必将发动起义，况且王莽败亡的征兆已经明显，天下正在动荡，于是同李通等人定下大计，从此就购置兵刃弩箭。十月，与李通从弟李轶等起兵于宛城，当时他二十八岁。

十一月，有星孛于张①。光武遂将宾客还舂陵。时伯升已会众起兵。初，诸家子弟恐惧，皆亡逃自匿，曰『伯升杀我』。及见光武绛衣大冠，皆惊曰『谨厚者亦复为之』，乃稍自安。伯升于是招新市、平林兵，与其帅王凤、陈牧西击长聚。光武初骑牛，杀新野尉乃得马。进屠唐子乡，又杀湖阳尉。军中分财物不均，众恚恨，欲反攻诸刘。光武敛宗人所得物，悉以与之，众乃悦。进拔棘阳，与王莽前队大夫甄阜、属正梁丘赐战于小长安，汉军大败，还保棘阳。

更始元年正月甲子朔，汉军复与甄阜、梁丘赐战于沘水西，大破之。斩阜、赐。伯升又破王莽纳言将军严尤、秩宗将军陈茂于淯阳，进围宛城。二月辛巳，立刘圣公为天子，以伯升为大司徒，光武为太常偏将军。三月，光武别与诸将徇昆阳、定陵、郾，皆下之。多得牛、马、财物，谷数十万斛，转以馈宛下。莽闻阜、赐死，汉帝立，大惧，遣大司徒王寻、大司空王邑将兵百万，其甲士四十二万人，五月，到颍川，复与严尤、陈茂合。初，光武为舂陵侯家讼逋租于尤，尤见而奇之。及是时，城中出降尤者言光武不取财物，但会兵计策。尤笑曰：『是美须眉者邪？何为乃如是！②』

初，王莽征天下能为兵法者六十三家数百人，并以为军吏；选练武卫，招募猛士，旌旗辎重，千里不绝。时有长人巨无霸，长一丈，大十围，以为垒尉；又驱诸猛兽虎豹犀象之属，以助威武。自秦、汉出师之盛，未尝有也。光武将数千兵，徼之于阳光。诸将见寻、邑兵盛，反走，驰入昆阳，皆惶怖，忧念妻孥，欲散归诸城。光武议曰：『今兵谷既少，而外寇强大，并力御之，功庶可立；如欲分散，势无俱全。且宛城未拔，不能相救，昆阳即破，一日之间，诸部亦灭矣。今不同心胆共举功名，反欲守妻子财物邪？』诸将怒曰：『刘将军何敢如是！』光武笑而起。会候骑还，言大兵且至城北，军陈数百里，不见其后。诸将遽相谓曰：『更请刘将军计之。』光武复为图画③成败。诸将忧迫，皆曰：『诺』。时城中唯有八九千人，光武乃使成国上公王凤、廷尉大将军王常留守，夜自与骠骑大将军宗佻、五威将军李轶等十三骑，出城南门，于外收兵。时莽军到城下者且十万，光武几不得出。既至郾、定陵，悉发诸营兵，而诸将贪惜财货，欲分留守之。光武曰：『今若破敌，珍宝万倍，大功可成；如为所败，首领无余，何财物之有！』众乃从。严尤说王邑曰：『昆阳城小而坚，今假号者在宛，亟进大兵，彼必奔走；宛败，昆阳自服。』邑曰：『吾昔以虎牙将军围翟义，坐不生得，以见责让。今将百万之众，遇城而不能下，何谓邪？』遂围之数十重，列营百数，云车十余丈，瞰临城中，旗帜蔽野，埃尘连天，钲鼓之声闻数百里。或为地道，冲輣橦城。积弩乱发，矢下如雨，城中负户而汲。王凤等乞降，不许。寻、邑自以为功在漏刻，意气甚逸。夜有流星坠营中，昼有云如坏山，当营而陨，不及地尺而散，吏士皆厌伏④。

注释 ①有星孛于张：有彗星在张地出现。②是美须眉者

邪？何为乃如是：是哪位俊美的人吗？他怎么能做出这种事情！③图画：谋划，图谋。④厌伏：匍伏于地上。

譯文 十一月，有彗星出现在张地。光武于是率领宾客回到舂陵。当时伯升已经聚众起兵。起初，各家子弟十分恐惧，都逃散躲藏起来，说：『伯升要害我们。』等到看见光武身着武将的绛衣大冠，都吃惊地说：『谨慎厚道的人也干这种事。』这才稍微心安了一些。伯升于是请来新市军和平林军，同他们的主帅王凤、陈牧一道向西进攻长聚。光武开始骑牛，杀死新野尉后才得以骑马，进占并屠戮了唐子乡，又杀死了湖阳尉。军中瓜分财物不均，众人愤恨不平。想反攻刘姓各部。光武收敛起宗族成员所得到的财物，全部给了他们，众人才高兴起来。进占棘阳后，与王莽前队大夫甄阜、属正梁丘赐交战于小长安，汉军被打得大败，退守棘阳。

更始元年正月初一，汉军再度与甄阜、梁丘赐交战于沘水西岸，大败敌军，斩杀了甄阜、梁丘赐。伯升又在淯阳击败王莽的纳言将军严尤和秩宗将军陈茂，进而包围了宛城。二月初一，拥立刘圣公为天子，以伯升为大司徒，光武为太常偏将军。三月，光武另与一些将领征讨昆阳、定陵、郾等地，全都攻占下来。缴获大批的牛马和财物，粮食数十万斛，转运到了宛城城下。王莽获悉甄阜、梁丘赐战死，汉帝已经登基，十分恐惧。派遣大司徒王寻、大司空王邑统兵百万，可以作战的士兵为四十二万人。五月，抵达颍川，又和严尤、陈茂会合。当初，光武曾替舂陵侯家向严尤申诉拖欠租赋事，严尤召见后，很欣赏他的风度。

到此时，汉军城中出来投降严尤的人说光武不掠夺财物，只是筹划军事策略。严尤笑道：『是那位须眉俊美的人吗？他怎么竟做这种事！』

起初，王莽征调天下精通兵法的六十三家学派中的数百人，一并任用为军吏，又选拔训练卫兵，招募猛士，组成庞大的军队开赴战场，各种军旗和军用物资在千里大道上络绎不绝。当时军中有巨人叫巨无霸，身高一丈，腰大十围，任命为垒尉；又驱赶各种猛兽如虎、豹、犀牛、大象之类，以助军威。

自秦汉以来，出征的军队如此声势浩大，还从未有过。

光武率领数千名士兵，巡逻到阳关。众将领见到王寻、王邑军容盛大，转而想顺原路撤退，奔回昆阳城，全都心惊胆战，忧虑后方的妻子儿女，想分别返回各自原来驻守的城池。光武建议道：『现在士兵和军粮都很少，而外敌强大，合力抵御他们，或许可以立功；如果力量分散，势必全都难以保全。而且宛城尚未夺取，主力不能前来救援，昆阳一旦被攻破，一日之间，各部也将被消灭，今天不同心协力共同谋取功名，反而要去保护各自的妻子儿女和财物吗？』众将发怒道：『刘将军怎敢这样说话！』光武笑着起身走了。恰巧侦察的骑兵回来，说王莽大军将进抵城北，军队绵延数百里，看不见后尾。众将领窘迫地相互商量说：『还是重新请刘将军来商议对策吧。』光武再度剖析成败得失。众将忧虑窘迫，都同声称是。当时城中只有八九千人，光武便让成国上公王凤、廷尉大将军王常留守昆阳，晚上自己同骠骑大将军宗佻、五威将军李轶等十三人骑马，出昆阳城南门，到外地调集兵马。这时王莽军队来到城下的近十万人，光武等人几乎不能出城。他们到了郾、定陵，调动各营所有兵马，而那些将领贪恋钱财，想分兵留守。光武说：『现在如果能够击败敌人，所得珍宝是已有的万倍，大功可以告成；如果被王莽军队打败，脑袋都没有了，还用什么财物！』大家这才听从了他的命令。

严尤劝说王邑说：『昆阳城小但坚固，现在假冒帝号的人在宛城，速派大兵前往，他们一定逃走；宛城敌人被打败了，昆阳自然降伏。』王邑说：『我过去以虎牙将军的身份围攻翟义，因为没能将他生擒，所以受到责备。今天率领百万大军，遇到敌人据守的城池而不能攻取，如何交代？』于是围绕昆阳城设下数十道防线，建立成百座营盘，树起云车高十余丈，靠近昆阳俯视城中，各类旗帜遮盖了田野，人马搅得尘埃满天，敲鼓击钲的军乐声传出数百里之远。王莽军队有的挖掘地道攻城，有的用冲车撞城和用篷车攀城。大批弓弩手连续不断发射，箭如雨下，城中军民不得不背着门板去汲水。王凤等人乞求投降，遭到拒绝。王寻、王邑自以为胜利已为时不远，神态十分安闲，晚上有流星坠落在王莽军队营地之中，白天有云，形如山丘，从营盘上空直落而下，离地一尺左右才崩散开来，王莽军队将士全部都匍伏在地上。

六月己卯，光武遂与营部俱进，自将步骑千余，前去大军四五里而陈①。寻、邑亦遣兵数千合战。光武奔之，斩首数十级。诸部喜曰：『刘将军平生见小敌怯，今见大敌勇，甚可怪也，且复居前。请助将军！』光武复进，寻、邑兵却，诸部共乘之，斩首数百千级。连胜，遂前。时，伯升拔宛已三日，而光武尚未知。乃伪使持书报城中，云『宛下兵到』，而阳墯其书。寻、邑得之，不憙。诸将既经累捷，胆气益壮，无不一当百。光武乃与敢死者三千人，从城西水上冲其中坚，寻、邑陈乱，乘锐崩之，遂杀王寻。城中亦鼓噪而出，中外合势，震呼动天地，莽兵大溃，走者相腾践，奔殪百余里间。会大雷风，屋瓦皆飞，雨下如注，滍川盛溢，虎豹皆股战，士卒争赴，溺死者以万数，水为不流。王邑、严尤、陈茂轻骑乘死人度水逃去。尽获其军实辎重、车甲珍宝，不可胜算，举之连月不尽，或燔烧其余。光武因复徇下颍阳。会伯升为更始所害，光武自父城驰诣宛谢。司徒官属迎吊光武，光武难交

私语，深引过而已。未尝自伐昆阳之功，又不敢为伯升服丧，饮食言笑如平常。更始以是惭②，拜光武为破虏大将军，封武信侯。

九月庚戌，三辅豪杰共诛王莽，传首诣宛。更始将北都洛阳，以光武行司隶校尉，使前整修宫府。于是置僚属，作文移，从事司察，一如旧章③。时三辅吏士东迎更始，见诸将过，皆冠帻，而服妇人衣，诸于绣镼，莫不笑之，或有畏而走者。及见司隶僚属，皆欢喜不自胜。老吏或垂涕曰：『不图今日复见汉官威仪！』由是识者皆属心焉。及更始至洛阳，乃遣光武以破虏将军行大司马事。十月，持节北度河，镇慰州郡。所到部县，辄见二千石、长吏、三老、官属，下至佐史，考察黜陟，如州牧行部事。辄平遣囚徒，除王莽苛政，复汉官名。吏人喜悦，争持牛、酒迎劳。进至邯郸，故赵缪王子林说光武曰：『赤眉今在河东，但决水灌之，百万之众可使为鱼。』光武不答，去之真定。林于是乃诈以卜者王郎为成帝子子舆，十二月，立郎为天子，都邯郸，遂遣使者降下郡国。

二年正月，光武以王郎新盛，乃北徇蓟。王郎移檄购光武十万户，而故广阳王子刘接起兵蓟中以应郎，城内扰乱，转相惊恐，言邯郸使者方到，二千石以下皆出迎。于是光武趣驾南辕，晨夜不敢入城邑，舍食道傍。至饶阳，官属皆乏食。光武乃自称邯郸使者，入传舍。传吏方进食，从者饥，争夺之。传吏疑其伪，乃椎鼓数十通，绐言邯郸将军至，官属皆失色。光武升车欲驰，既而惧不免，徐还坐，曰：『请邯郸将军入。』久乃驾去。传中人遥语门者闭之。门长曰：『天下讵可知，而闭长者乎？④』遂得南出。晨夜兼行，蒙犯霜雪，天时寒，面皆破裂。至呼沱河，无船，适遇冰合，得过，未毕数车而陷。进至下博城西，遑惑不知所之。有白衣老父在道旁，指曰：『努力！信都郡为长安守，去此八十里。』光武即驰赴之，信都太守任光开门出迎。世祖因发旁县，得四千人，先击堂阳、贯县，皆降之。王莽和成卒正邳彤亦举郡降。又昌城人刘植，宋子人耿纯，各率宗亲子弟，据其县邑，以奉光武。于是北降下曲阳，众稍合，乐附者至有数万人。

注释 ①四五里而陈：距离四五里便排兵布阵。②更始以是惭：心中有愧。以，因为。③一如旧章：一切照以前的规矩办。④天下讵可知，而闭长者乎？：天下形势不可预测，怎能随便囚禁长者？

译文 六月初一，光武即与各部人马一齐进发，自己亲率步、骑兵一千余人，在离王莽军队大约四五里的地方排开阵势。王寻、王邑也派兵数千人前来交战。光武冲击敌营，斩下数十名敌军首级。其他各部将士高兴地说：『刘将军平生见到小股敌人就害怕，今天遇到强敌却勇猛无畏，真叫人奇怪！还是继续在前，请让我们帮助将军！』光武再次进攻，王寻、王邑派出的军队又退去，义军各部一同乘机进攻，杀死王莽军队数百近千人。义军连续获胜，继续向昆阳进军。此时伯升攻取宛城已有三天了，而光武还不知道，于是派人伪装成宛城的使者携带书信通知昆阳守军，说：『宛城的救兵即刻赶到。』却故意失落了这封书信。王寻、王邑得知后，十分不快。义军众将领屡战屡捷，胆气更壮，无不以一当百。光武就与三千名敢死队员，从城西涉水直扑莽军的中军，王寻、王邑的阵势大乱，义军一鼓作气打垮敌军，于是杀死了王寻。昆阳守军也击鼓呐喊着冲杀出来，内外夹击，喊杀声惊天动地，王莽军队大溃退，逃跑的士兵互相践踏，死尸僵卧在百余里的路上。恰逢雷声大作，狂风骤起，屋瓦全被风刮得乱飞，暴雨如注，滍水水势猛涨，吓得虎豹都四肢颤抖，士兵们争着渡河，淹死的人以万计，河水为之断流。王邑、严尤、陈茂轻装骑马踏着死尸渡河逃走。义军全部缴获了莽军的各种军用物资，兵车、盔甲和珍宝，多得无法计算，运了几个月都没运完，有人把剩余的物资烧掉了。

光武再接再厉夺取颍阳。恰在此时伯升被更始帝杀害，光武从父城赶回宛城请罪。伯升司徒府的属吏迎接光武并表示慰问，光武不便述说心里话，只能沉痛地引咎自责而已。他未曾自我表白昆阳的功劳，又不敢为伯升服丧，吃饭说笑如同平时一样。更始因此心中感到愧疚，便任命光武为破虏大将军、封武信侯。

九月初三，三辅的豪杰共同杀死了王莽，将首级送到宛城。更始帝将北上建都洛阳，以光武兼管司隶校尉事，命他前去整修宫室和官府。于是光武任命了属吏，写好文书发到各属县，行使起督促文书，察举非法的职责，一切按照汉朝的旧规定办事。当时三辅地区的官吏和士人到洛阳城东迎接更始帝，看见诸位将军经过，都是戴着头巾，身穿如同妇女所穿的衣裳，即诸于和绣镼之类，无不感到可笑，甚至有人因害怕而跑掉了。等到看见司隶校尉的部下，都高兴得不知如何是好。老年的官吏有的流着泪说：『不料想今天还能重新看到汉朝官员的威仪！』从此有识之士都倾心于光武。

待更始帝到达洛阳，就派光武以破虏将军的身份代理大司马事务。十月，持节向北渡过黄河，镇抚河北各州郡。所到郡县，便接见二千石、长吏、三老、官属，下至一般佐史，考察治政得失，如同州牧巡行辖区一样。他一到某地就审查释放囚徒，革除王莽苛政，恢复汉朝官吏的名称。吏民欢欣鼓舞，争着带上牛肉和酒，迎接慰劳光武一行人。

进抵邯郸，原赵缪王之子刘林劝说光武道：『赤眉军现在在河东，只要决堤放水淹他们，百万赤眉军全可以让他们成为

鱼。』光武不理睬，又前往真定。刘林于是诡称卜者王郎是成帝的儿子刘子舆，在十二月，拥立王郎为天子，建都邯郸，并派遣使者劝降了许多郡国。

二年正月，光武鉴于王郎一兴起就比较强大，于是向北攻取蓟县。王郎下达快递文书，悬赏十万户侯捉拿光武。而原广阳王之子刘接于蓟城中起兵，以响应王郎。城内很混乱，谣言四起，人人惊恐，说邯郸使者刚刚到达，二千石以下官吏都前去迎接。于是光武急忙坐车南逃，无论白天黑夜都不敢进入城市，吃住全在道旁。到达饶阳，部下全断了炊。光武就自称是邯郸使者，进入传舍。传舍的官吏刚送进食物，光武的随从因为饥饿，争抢食物。传吏怀疑他们是伪装的使者，就击鼓数十下，假称邯郸的将军来到，光武的部下都大惊失色。光武上车想跑，既而害怕出不去，慢慢回到座位，说：『请邯郸的将军进来。』过了许久才驾车离去。传舍中的人远远地喊守护城门的人关闭大门。门长说：『天下形势还难预料，而能随便囚禁长者吗？』于是光武得以从南门离去。他们日夜兼程，冒着霜雪，天气正寒冷，脸都冻裂了。到了呼沱河，没有船只，恰遇河水结冰，得以通过，还没全部过完而后面的几辆车却陷入河中。进抵下博县城西，彷徨犹豫不知该向何方。有一个白衣老人在路边，指示说：『努力！信都郡仍忠于刘玄，离这里只有八十里。』光武立即奔赴信都。信都太守任光开门出迎。世祖因此征发附近各县的兵卒，得到四千人。先攻打堂阳、贳县，全都降伏。王莽和成卒正邳彤也率全郡归降。又昌城人刘植、宋子人耿纯，各领宗亲子弟，占领各自的县城，以拥戴光武。于是北上迫降下曲阳，兵马初步集结，乐意投靠的人达到数万人。

时，王郎大将李育屯柏人，汉兵不知而进，前部偏将朱浮、邓禹为育所破，亡失辎重。光武在后闻之，收浮、禹散卒，与育战于郭门，大破之，尽得其所获。育还保城，攻之不下，于是引兵拔广阿。会上谷大守耿况、渔阳太守彭宠各遣其将吴汉、寇恂等将突骑来助击王郎，更始亦遣尚书仆射谢躬讨郎，光武因大飨[1]士卒，遂东围钜鹿。王郎守将王饶坚守，月余不下。郎遣将倪宏、刘奉率数万人救钜鹿，光武逆战于南栾，斩首数千级。四月，进围邯郸，连战破之。五月甲辰，拔其城，诛王郎。收文书，得吏人与郎交关谤毁者数千章。光武不省，会诸将军烧之，曰：『令反侧子自安。』

更始遣侍御史持节立光武为萧王，悉令罢兵诣行在所。光武辞以河北未平，不就征。自是始贰于更始。

是时，长安政乱，四方背叛。梁王刘永擅命睢阳，公孙述称王巴蜀，李宪自立为淮南王，秦丰自号楚黎王，张步起琅邪，董宪起东海，延岑起汉中，田戎起夷陵，并置将帅，侵略郡县。又别号诸贼铜马、大彤、高湖、重连、铁胫、大抢、尤来、上江、青犊、五校、檀乡、五幡、五楼、富平、获索等，各领部曲，众合数百万人，所在寇掠。光武将击之②，先遣吴汉北发十郡兵。幽州牧苗曾不从，汉遂斩曾而发其众。秋，光武击铜马于鄡，吴汉将突骑来会清阳。贼数挑战，光武坚营自守；有出卤掠者，辄击取之，绝其粮道。积月余日，贼食尽，夜遁去③，追至馆陶，大破之。

注释 ①飨：大肆犒劳。②光武将击之：光武将要攻击诸寇。③夜遁去：趁着夜色逃走。

译文 当时王郎大将李育驻扎在柏人，汉兵不知情况而进军，前部偏将军朱浮、邓禹被李育打败，丧失了辎重。光武在后面听说此事，收容了朱浮、邓禹的溃散的士兵，与李育大战于柏人的外城城门，大获全胜，全部夺回了被李育缴获的物资。李育退守城池，光武攻不下它，就率军夺取广阿。恰好上谷太守耿况、渔阳太守彭宠各派他们的将领吴汉、寇恂等人统率突击骑兵来协助攻打王郎，更始帝也派遣尚书仆射谢躬讨伐王郎，光武因而大肆犒劳士兵，于是东进围困钜鹿。王郎守将王饶坚守，经过一个多月仍攻打不下。王郎派将军倪宠、刘奉领兵数万援救钜鹿，光武迎战于南栾，斩杀数千人。四月，围攻邯郸，连战连胜。五月初一，攻取邯郸，处死王郎。收缴文书，得到自己部下和王郎联络或诽谤自己的信件数千封。光武没有查看，集合众将当面把信烧掉，说：『让为此事担忧的人心安。』

更始帝派侍御史持节封光武为萧王，命令他遣散军队回到更始帝身边。光武以河北地区尚未平定为由推辞，不应征召，从此开始脱离更始帝。

那时长安政治混乱，四方背叛。梁王刘永专命于睢阳，公孙述称王于巴、蜀，李宪自立为淮南王，秦丰自号楚黎王，张步起事于琅邪，董宪起事于东海，延岑起事于汉中，田戎起事于夷陵，都各任命将帅，侵占郡县。又有各种名号的贼兵如铜马、大彤、高湖、重连、铁胫、大抢、尤来、上江、青犊、五校、檀乡、五幡、五楼、富平、获索等，各自率领部队，人数合计达数百万人，在当地劫掠。

光武将攻击诸寇贼，先派遣吴汉到北方征发十郡兵马。幽州牧苗曾不听从调兵，吴汉就斩杀苗曾而征发了他的部下。秋天，光武在鄡县进攻铜马，吴汉率领突骑来到清阳会合。贼兵多次挑战，光武坚守营垒，贼兵有出外抢掠的人，就发兵消灭他们，断绝了贼兵的粮道。累计过了一多月，贼兵粮食吃光，乘夜色逃去，光武追击到馆陶，大败贼军。

赤眉别帅与大彤、青犊十余万众在射犬，光武进击，大破之，众皆散走。使吴汉、岑彭袭杀谢躬于邺。青犊、

赤眉贼入函谷关，攻更始。光武乃遣邓禹率六裨将引兵而西，以更始、赤眉之乱。时，更始使大司马朱鲔、舞阴王李轶等屯洛阳，光武亦令冯异守孟津以拒①之。

建武元年春正月，平陵人方望立前孺子刘婴为天子，更始遣丞相李松击斩之。光武北击尤来、大抢、五幡于元氏，追至右北平，连破之。又战于顺水北，乘胜轻进，反为所败。贼追急，短兵接，光武自投高岸，遇突骑王丰，下马授光武，光武抚其肩而上，顾笑谓耿弇曰：『几为虏嗤。』弇频射却贼，得免。士卒死者数千人，散兵归保范阳。军中不见光武，或云已殁，诸将不知所为。吴汉曰：『卿曹努力！王兄子在南阳，何忧无主？』众恐惧，数日乃定。贼虽战胜，而素慑大威，客主不相知，夜遂引去②。大军复进至安次，与战，破之，斩首三千余级。

贼入渔阳，乃遣吴汉率耿弇、陈俊、马武等十二将军追战于潞东，及平谷，大破灭之。

朱鲔遣讨难将军苏茂攻温，冯异、寇恂与战，大破之，斩其将贾强。于是诸将议上尊号。马武先进曰：『天下无主。如有圣人承敝而起，虽仲尼为相，孙子为将，犹恐无能有益。反水不收，后悔无及。大王虽执谦退，奈宗庙社稷何！宜且还蓟即尊位，乃议征伐。今此谁贼而驰骛击之乎？』光武惊曰：『何将军出是言？可斩也！』武曰：『诸将尽然。』光武使出晓之，乃引军还至蓟。夏四月，公孙述自称天子。

光武从蓟还，过范阳，命收葬吏士。至中山，诸将复上奏曰：『汉遭王莽，宗庙废绝，豪杰愤怒，兆人涂炭。王与伯升首举义兵，更始因其资以据帝位，而不能奉承大统，败乱纲纪，盗贼日多，群生危蹙。大王初征昆阳，王莽自溃；后拔邯郸，北州弭定；参分天下而有其二，跨州据土，带甲百万。言武力则莫之敢抗，论文德则无所与辞。臣闻帝王不可以久旷，天命不可以谦拒，惟大王以社稷为计，万姓为心。』光武又不听。

行到南平棘，诸将复固请之。光武曰：『寇贼未平，四面受敌，何遽欲正号位乎？诸将且出。』耿纯进曰：『天下士大夫捐亲戚，弃土壤，从大王于矢石之间者，其计固望其攀龙鳞，附凤翼，以成其所志耳。今功业即定，天人亦应，而大王留时逆众，不正号位，纯恐士大夫望绝计穷，则有去归之思，无为久自苦也。大众一散，难可复合。时不可留，众不可逆。』纯言甚诚切，光武深感，曰：『吾将思之。』

行至鄗，光武先在长安时同舍生强华自关中奉赤伏符，曰『刘秀发兵捕不道，四夷云集龙斗野，四七之际火为主。』群臣因复奏曰：『受命之符，人应为大，万里合信，不议同情，周之白鱼，曷足比焉？今上无天子，海内淆乱，符瑞之应，昭然著闻，宜答天神，以塞群望。』光武于是命有司设坛场于鄗南千秋亭五成陌。

注释 ①拒：抵御，抵抗。②夜遂引去：引，带领、隐退。

译文 赤眉一个别帅与大肜、青犊军共十万人驻扎射犬，光武进击，大败他们，各军全都逃散。派吴汉、岑彭袭杀谢躬于邺城。青犊、赤眉贼开进函谷关，进攻更始帝。光武就派遣邓禹率领六员副将引兵向西进发，以利用更始、赤眉相争的动乱机会。当时更始帝派大司马朱鲔、舞阴王李轶等屯守洛阳，光武也命令冯异据守孟津予以抗衡。

建武元年春正月，平陵人方望拥立原来的孺子刘婴为天子，更始帝派遣丞相李松进攻并斩杀了他们。光武帝北上进攻尤来、大抢、五幡军于元氏县，追击到右北平，连续打败他们。又战于顺水之北，乘胜冒进，反而被打败。贼兵追击得很紧，短兵相接，光武自己从高坡上跳下去，遇到突骑王丰，王丰下马让给光武，光武扶着王丰的肩膀上马，回过头来笑着对耿弇说：『几乎被敌人所耻笑！』耿弇频频射箭击退贼兵，光武帝得以脱身。光武的士兵死了数千人，散兵回来后退守范阳。军中不见光武，有人说他已战死，众将不知如何是好。吴汉说：『大家努力！萧王哥哥的儿子在南阳，何愁没有主公？』众人恐惧，几天以后才安定下来。贼兵虽然取胜，但平素折服于汉军军威，客主双方互不摸底，晚上就撤走了。大军重又前进到安次，与敌交锋，击败他们，斩首三千余级。贼兵退入渔阳，于是派遣吴汉率领耿弇、陈俊、马武等十二位将军追击于潞县之东，一直进抵平谷，大败并消灭了贼军。朱鲔派遣讨难将军苏茂进攻温县，冯异、寇恂与他们交锋，大败敌军，斩杀苏茂的将领贾强。于是众将商议给光武上尊号，马武先向光武进言：『天下无主。如果有圣人利用天下凋敝的时候崛起，我们虽有仲尼为相，孙子为将，也恐怕难有作为。泼水难收，后悔无及。大王虽然执意谦让，叫宗庙社稷怎么办！应该返回蓟县登基，再商议征伐的事情。否则现在能说谁是逆贼而放手攻打他们呢？』光武震惊地说：『将军为何说出这样的话？该斩首了！』马武说：『众将领都这样说。』光武让他出去劝说众将。于是引军回到蓟县。夏四月，公孙述自称天子。

光武从蓟县返回，路过范阳，下令收葬以前阵亡的将士。抵达中山，众将又上奏说：『汉朝遭遇王莽之乱，宗庙废弃，祭祀断绝，豪杰愤怒，兆民惨遭涂炭。大王与伯升首举义兵，更始凭靠你们的努力才得以占有帝位，而不能维护好大业，破坏搅乱了纲纪，盗贼日益增多，百姓处于危难和窘境之中。大王初征昆阳，王莽不战自溃；后来夺取邯郸，河北的州郡归顺平定；三分天下而有其二，据有数州领土，军队多达百万。谈武力没有人敢于对抗，论文德更是无可挑剔。臣等听说帝王之

位不可以长久空着，天命不可以谦让拒绝，愿大王一心以社稷为重，以百姓为念。』光武又不听从。

行进到南平棘，众将又坚决地请求光武登基。光武说：『贼寇尚未平定，四面受敌，怎么能立即考虑正号位的事呢？诸位将军暂且出去吧。』耿纯又进来说：『天下士大夫丢弃亲人，别离故土，追随大王于箭石横飞的战场，他们的打算原本是想攀龙鳞，附凤翼，以实现建功立业的志向。现在功业已成，天人也相应合，而大王拖延良机而违逆众心，不定尊号，我恐怕士大夫失去希望，没有办法，就会有离去而归家的想法，不愿长此苦守下去。大军一旦离散，难以再度招集。良机不可久留，众心不可违背。』耿纯言辞十分诚挚恳切，光武深受感动，说：『我将考虑这件事。』

进抵鄗城，与光武过去同在长安居住求学的强华从关中送来赤伏符，符文是：『刘秀发兵捕不道，四夷云集龙斗野，四七之际火为主。』群臣因而再次上奏道：『承受天命之符，与之相应的人当居大位，相距万里而符信相合，不经商议而情思相同，周代的白鱼之信，何足相比！现今上无天子，海内混乱，符瑞所示，昭然若揭，应该顺从天神的意愿，以满足大家的希望。』光武于是命令有关部门设立坛场于鄗县城南千秋亭的五成陌。

六月己未，即皇帝位。燔燎告天①，禋于六宗，望于群神②。其祝文曰：『皇天上帝，后土神祇，眷顾降命，属秀黎元，为人父母，秀不敢当。群下百辟，不谋同辞，咸曰：「王莽篡位，秀发愤兴兵，破王寻、王邑于昆阳，诛王郎、铜马于河北，平定天下，海内蒙恩。上当天地之心，下为元元所归。」谶记曰：「刘秀发兵捕不道，卯金修德为天子。」秀犹固辞，至于再，至于三。群下佥曰：「皇天大命，不可稽留。」敢不敬承。』于是建元为建武，大赦天下，改鄗为高邑。

注释　①燔燎告天：焚烧柴火祭告上天。②望于群神：望祭群神。

譯文　六月二十二日，光武即皇帝位。烧柴祭告上天，升烟以享六宗，祭拜群神。祭祀祝文说：『皇天上帝，后土神祇，垂青于我而降下天命，将百姓托付给我刘秀，为人父母，秀不敢当。手下群臣，不谋而合，都说：「王莽篡位，刘秀发愤起兵，破王寻、王邑于昆阳，杀王郎、铜马于河北，平定天下，海内蒙受恩惠。上应天地之心，下为百姓所归。」谶记说：「刘秀发兵捕不道，卯金修德为天子。」秀仍然坚辞，以至于一而再，再而三。群臣都说：「皇天大命，不可拖延。」敢不恭敬受命。』于是定年号为建武，大赦天下，改鄗县名为高邑。

二十四史精华

三国志

晋·陈寿著

武帝纪

太祖武皇帝，沛国谯人也，姓曹，讳操，字孟德，汉相国参之后。桓帝世，曹腾为中常侍大长秋，封费亭侯。养子嵩嗣，官至太尉，莫能审其生出本末。嵩生太祖①。

太祖少机警，有权数，而任侠放荡，不治行业，故世人未之奇也；惟梁国桥玄、南阳何颙异焉。玄谓太祖曰：『天下将乱，非命世之才不能济也，能安之者，其在君乎！』年二十，举孝廉为郎，除洛阳北部尉，迁顿丘令，征拜议郎。

光和末，黄巾起。拜骑都尉，讨颍川贼。迁为济南相，国有十余县，长吏多阿附贵戚，赃污狼藉，于是奏免其八；禁断淫祀，奸宄逃窜，郡界肃然。久之，征还为东郡太守；不就，称疾归乡里。

顷之，冀州刺史王芬、南阳许攸、沛国周旌等连结豪杰，谋废灵帝，立合肥侯，以告太祖，太祖拒之。芬等遂败。

金城边章、韩遂杀刺史郡守以叛，众十余万，天下骚动。征太祖为典军校尉。会灵帝崩，太子即位，太后临朝。大将军何进与袁绍谋诛宦官，太后不听。进乃召董卓，欲以胁太后，卓未至而进见杀。卓到，废帝为弘农王而立献帝，京都大乱。卓表太祖为骁骑校尉，欲与计事。太祖乃变易姓名，间行东归。出关，过中牟，为亭长所疑，执诣县，邑中或窃识之，为请得解。卓遂杀太后及弘农王。太祖至陈留，散家财，合义兵，将以诛卓②。冬十二月，始起兵于己吾，是岁中平六年也。

初平元年春正月，后将军袁术、冀州牧韩馥、豫州刺史孔伷、兖州刺史刘岱、河内太守王匡、勃海太守袁绍、陈留太守张邈、东郡太守桥瑁、山阳太守袁遗、济北相鲍信同时俱起兵，众各数万，推绍为盟主。太祖行奋武将军。

注释 ①太祖：指魏太祖武皇帝曹操。②诛卓：这里指征讨董卓。

译文 太祖武皇帝，沛国谯县人，姓曹，名操，字孟德，是汉朝相国曹参的后代。桓帝时候，曹腾为中常侍大长秋，被封为费亭侯。曹腾养子曹嵩继承他的爵位，官做到太尉。谁也说不清曹嵩原来的家世渊源。曹嵩生了儿子，这就是魏太祖武皇帝曹操。

太祖小时候机警，有应变本领，但喜好打抱不平，行为不检点，不注意增进自己的操行、学业。所以当时人并没觉得他有什么奇特之处，只有梁国桥玄、南阳何颙认为他不是一般人。桥玄对太祖说：『天下就要乱了，不是出色政治家解决不了问题，能安定天下的，大概就是你了。』太祖二十岁，被推荐为孝廉，任命为郎，转任洛阳北部尉，升为顿丘县令，又被征召入朝任议郎。

光和末年，黄巾起事，太祖被任命为骑都尉，讨伐颍川盗贼。升任济南国相，济南国有十多个县，县的主官和属吏大多巴结讨好权贵外戚，贪赃受贿，胡作非为。于是太祖奏请罢免了八个官吏。禁绝不合礼制的祭祀活动。坏人逃奔境外，郡内社会秩序清平安定。过了很长时间，又被调回京城，改任东郡太守，他不去上任，借口有病，返回家乡。

魏太祖

乘時擅命　暴戾剛強
戕害國母　脅制天王

不久，冀州刺史王芬、南阳许攸、沛国周旌等联络地方豪强，策划废黜汉灵帝，立合肥侯为帝，把这个谋划通知了太祖，太祖拒绝参加，王芬等因而失败。

金城边章、韩遂杀死刺史、郡守，发动叛乱，有兵十几万，天下骚动。朝廷征召太祖为典军校尉。这时正碰上灵帝去世，太子即位，太后临朝听政。大将军何进和袁绍谋划屠杀宦官，太后不同意。何进就召董卓进京，想借董卓兵力胁迫太后。董卓还没抵达京城，何进就被杀了。董卓到京城，废黜皇帝为弘农王，另立献帝，京都大乱。董卓奏表请求任命太祖为骁骑校尉，想和太祖共商朝廷大事。太祖于是改名换姓，从小路东行回故乡。出了关，过中牟县，受到亭长怀疑，被逮捕押送到县城，中牟县有人偷偷认出了他，为他说好话，释放了他。这时董卓已经杀了太后和弘农王。太祖抵达陈留，拿出家产，募集义兵，准备讨伐董卓。冬天十二月，太祖在己吾县开始成立部队，这一年是中平六年。

初平元年春正月，后将军袁术、冀州牧韩馥、豫州刺史孔伷、兖州刺史刘岱、河内太守王匡、渤海太守袁绍、陈留太守张邈、东郡太守桥瑁、山阳太守袁遗、济北相鲍信同时起兵，各有几万人军队，推袁绍为盟主。太祖代理奋武将军。

二月，卓闻兵起，乃徙天子都长安①。卓留屯②洛阳，

遂焚宫室。是时绍屯河内，邈、岱、瑁、遗屯酸枣③，术屯南阳，伷屯颍川，馥在邺④。卓兵强，绍等莫敢先进⑤。太祖曰：『举⑥义兵以诛⑦暴乱，大众⑧已合，诸君何疑？向使⑨董卓闻山东⑩兵起，倚⑪王室之重，据⑫二周⑬之险，东向以临天下⑭；虽以无道⑮行之，犹足为患⑯。今焚烧宫室，劫迁天子，海内⑰震动，不知所归，此天亡之时也。一战而天下定矣，不可失也。』遂引⑱兵西，将⑲据成皋⑳。邈遣将卫兹分兵随太祖。到荥阳㉑汴水㉒，遇卓将徐荣，与战不利，士卒死伤甚多。太祖为流矢㉓所中，所乘马被创㉔，从弟㉕洪以马与太祖，得夜遁去㉖。荣见太祖所将兵少，力战尽日㉗，谓酸枣未易攻也，亦引兵还。

注释

①长安：地名。在今陕西省西安市西北。②屯：带军驻守。③酸枣：县名。在今河南省津县西南。④邺：古都邑名。汉时为魏郡治所。东汉末年先后为冀州、相州治所。建安十八年（二一三年）曹操为魏王，定都于邺。⑤先进：率先进兵。⑥举：行动。引申为发动。⑦诛：讨伐。⑧大众：指参加军队的士兵。⑨向使：假使。⑩山东：秦汉间一般指河南省崤山以东。此处指太行山以东。⑪倚：依靠，倚仗，依赖。⑫据：占据，盘踞。⑬二周：指洛阳和巩县。周朝末年的两个封国，即西周和东周。西周地在今河南省洛阳市。东周地在今河南省巩县。说西周在今洛阳市王城公园一带，东周在洛阳市白马寺东。⑭天下：古时多指中国范围内的全部土地。⑮无道：违背道义。⑯患：祸害，灾难。⑰海内：四海之内。古代传说我国疆土的四周有海环绕，故称国境以内为『海内』。⑱引：带领，率领。⑲将：欲，打算。⑳成皋：县名。在今河南省荥阳县。㉑荥阳：县名。在今河南省荥阳县东北。㉒汴水：古水名。一作『卞水』，即今河南省荥阳西南的索河。㉓流矢：没有确定目标的乱箭。㉔创：伤害。㉕从弟：堂弟。从，同一宗族而次于至亲者叫从。㉖遁去：逃跑离去。㉗尽日：全日。

译文

二月，董卓听说袁绍等人起兵，就把天子迁到长安去住，自己留驻洛阳，接着烧毁了宫殿。这时袁绍驻扎河内，张邈、刘岱、桥瑁、袁遗驻扎酸枣，袁术驻扎南阳，孔伷驻扎颍川，韩馥驻扎邺县。董卓兵力强大，袁绍等人谁也不敢率先进击。太祖说：『发动义兵，讨伐暴乱，大军已经会合，诸位还迟疑什么呢？假使董卓听说山东发动义兵，他就凭借王室的威势，紧守二周的险要，东向控制天下，虽然他是倒行逆施，那也还值得忧虑。现在他烧毁宫室强制迁移天子，天下震动，不知道该投向何人，这是老天要他灭亡的时刻，一仗下来天下就安定了，机会不可放过啊。』接着领兵西进，打算去占领成皋。张邈派将军卫兹分领一些军队跟随太祖到荥阳汴水，遇到董卓将军徐荣，和徐荣交战失利了，士兵死伤很多。太祖被流矢射中，骑的马受了伤，堂弟曹洪把马给太祖，太祖才得以趁夜逃开。徐荣见太祖带兵虽然不多，却仍能拼命坚持战斗一整天，估计酸枣不易攻取，也就带兵回去了。

太祖到酸枣，诸军兵十余万，日置酒高会①，不图进取。太祖责让②之，因为谋曰：『诸君听吾计，使勃海③引河内之众临孟津④，酸枣诸将守成皋，据敖仓⑤，塞⑥轘辕⑦、太谷，全制其险；使袁将军⑧率南阳之军军丹⑨、析，入武关⑩，以震三辅⑪：皆高垒深壁，勿与战，益为疑兵⑫，示⑬天下形势，以顺⑭诛逆⑮，可立定也。今兵以义动，持疑而不进，失天下之望，窃为诸君耻之！』邈等不能用。

注释 ①高会：盛会、盛宴。②责让：责备、责问。③勃海：此代指袁绍。袁绍当时为勃海太守。④孟津：黄河渡口。在今河南省孟县南。⑤敖仓：秦代所置的屯粮仓库。故址在敖山（今河南省荥阳县北）上，故名。⑥塞：堵住。⑦轘辕：关名。在今河南省洛阳市东南。⑧袁将军：指袁术。此时袁术为后将军。⑨丹：县名。即丹水县，在今河南省淅川西。析：县名。在今河南省西峡县。⑩武关：关名。在今陕西省商南县西北。东接高山，南临绝涧，自古以来为兵争要地。⑪三辅：指长安周围的京兆（地在陕西省西安市以东一带）、右扶风（地在今陕西省兴平县一带）、左冯翊（地在今陕西省大荔县一带）三郡。辅，指京城附近的地方。上述三地为京畿之地，故称『三辅』。⑫疑兵：用以迷惑敌人而故意迂回调动的军队。⑬示：表明，显示。⑭顺：顺应；此指合乎正义。⑮逆：叛逆。此指违背道义。

译文 太祖到酸枣，各路军马十多万人，天天酒席聚会，不考虑进攻。太祖批评他们，并给他们出主意说：『你们诸位接受我的建议，让渤海太守领河内兵据守孟津，酸枣的各位将军守住成皋，占有敖仓，堵住轘、太谷通道，全面控制住险要地势，让袁将军率领南阳军队驻扎丹、淅，攻进武关，威胁三辅。然后各军都高筑壁垒，不出战，多设疑兵，向天下表明讨伐董卓的强大优势。以正义之师，讨伐叛逆。胜利立即可得。现在为伸张正义而发动了军队，却又迟疑不进，让天下失望，我暗暗为诸位感到羞耻。』张邈等不能采纳太祖建议。

太祖兵少，乃与夏侯惇①等诣扬州②募兵，刺史陈温、丹杨③太守周昕与兵四千余人。还到龙亢④，士卒多叛。至铚⑤、建平⑥，复收兵得千余人，进屯河内。

注释 ①夏侯惇：人名。字元让。详见《三国志》卷九《夏侯惇传》。②扬州：州名。东汉末年及三国魏治所在寿春

（今安徽省寿县）。③丹杨：『杨』一作『阳』。郡名。东汉时治所在宛陵（今安徽省宣城县）。④龙亢：县名。在今安徽省怀远县西。⑤铚：县名。在今安徽省宿县西南。⑥建平：县名。在今河南省永城县西南。

译文 太祖兵少，于是和夏侯惇等到扬州去募兵，刺史陈温、丹扬太守周昕拨给他四千多兵。返回的途中在龙亢停歇时，许多兵士叛逃了。到铚县，建平县，又招募一千多兵，进驻河内郡。

夏四月，司徒①王允②与吕布③共杀卓。卓将李傕、郭汜④等杀允攻布，布败，东出武关。傕等擅⑤朝政。青州⑥黄巾众百万入兖州，杀任城⑦相郑遂，转入东平⑧。刘岱欲击之，鲍信谏曰：『今贼众百万，百姓皆震恐，士卒无斗志，不可敌也。观贼众群辈⑨相随，军无辎重⑩，唯以钞略⑪为资，今不若畜⑫士众之力，先为固守。彼欲战不得，攻又不能，其势必离散，后选精锐，据其要害，击之可破也。』岱不从，遂与战，果为所杀。信乃与州吏万潜等至东郡迎太祖领兖州牧。遂进兵击黄巾于寿张⑬东。信力战斗死，仅而⑭破之。购求信丧⑮不得，众乃刻木如信形状，祭而哭焉。追黄巾至济北。乞降。冬，受降卒三十余万，男女百余万口，收其精锐者，号为青州兵。

注释 ①司徒：官名。掌全国民政、土地和征发徭役等。与太尉、司空并称三公。②王允：人名。字子师。灵帝时任豫州刺史，曾镇压黄巾起义军。献帝即位任司徒。③吕布：人名。字奉先。详见《三国志》卷七《吕布传》。④李傕、郭汜：人名。二人均为董卓部将。详见《三国志》卷六《李傕传》《郭汜传》。⑤擅：专断。⑥青州：州名。治所在临淄县（今山东省临淄县北）。⑦任城：王国名。治所在任城（今山东省济宁市）。⑧东平：王国名。治所在无盐县（今山东省东平县东）。⑨群辈：此指农民起义军的老少家属。⑩辎重：随军的军用器械、粮草、给养等物资。⑪钞略：强取；掠夺。资：给养。⑫畜：同『蓄』。⑬寿张：县名。在今山东省东平县西南。⑭仅而：勉强能够。⑮购求：悬赏寻求。丧：死亡。这里指尸体。

译文 夏四月，司徒王允与吕布共同杀死董卓。董卓部将李傕、郭汜等，杀了王允，攻击吕布。吕布败走，向东退出武关。李傕等人乃专擅朝政。青州的黄巾贼，有百万之众，攻入兖州，杀死任城相郑遂，转入东平。兖州刺史刘岱要用兵击黄巾贼。鲍信谏说：『目前贼兵有百万之众，声势浩大，老百姓都震怖恐惧，士卒都没有斗志，贼人的势强，不可抵挡。我观察贼兵的情况，只是乌合之众，前后相随，并无组织，军中也没有辎重粮草，唯以掠夺为军中之用，不是精强的部队。今日之计，不如畜养士众之力，先固守城池不出，贼众对我，要战不得战，要攻而攻不破，贼势必然有离散之心，然后我选拔精锐士卒，据其要害，加以攻击，必能破贼。』刘岱不听，竟引兵出战，果然被黄巾贼所杀。鲍信乃和州吏万潜等，到东郡，迎曹操来兼任兖州牧。于是曹操领兵进击黄巾贼于寿张之东。鲍信力战而死。曹操用尽兵力奇计，才险胜而击破贼兵。于是悬赏寻找鲍信遗体，不能得，大家便用木头刻成鲍信形貌，祭而哭拜。曹操军追黄巾贼于济北。黄巾乞降。冬季，曹操受黄巾降卒三十余万众，百姓男女百余万人，曹操收其中精锐，命名为青州兵。

袁术与绍有隙①，术求援于公孙瓒②，瓒使刘备屯高唐③，单经屯平原④，陶谦屯发干⑤，以逼绍。太祖与绍会击，皆破之。

四年春，军鄄城⑥。荆州⑦牧刘表⑧断术粮道，术引军入陈留，屯封丘⑨，黑山余贼及于夫罗等佐之。术使将刘详屯匡亭⑩。太祖击详，术救之，与战，大破之。术退保封丘，遂围之，未合，术走襄邑⑪，追到太寿⑫，决渠水灌城。走宁陵⑬，又追之，走九江⑭。夏，太祖还军定陶⑮。

下邳⑯阙宣⑰聚众数千人，自称天子；徐州⑱牧陶谦与共举兵，取泰山华、费⑲，略任城。秋，太祖征陶谦，下⑳十余城，谦守城不敢出。

是岁，孙策受袁术使渡江，数年间遂有江东。

兴平㉑元年春，太祖自徐州还，初，太祖父嵩，去官后还谯，董卓之乱，避难琅邪㉒，为陶谦所害，故太祖志在复仇东伐。夏，使荀彧㉓、程昱㉔守鄄城，复征陶谦，拔㉕五城，遂略地至东海㉖。还过郯，谦将曹豹与刘备屯郯东，要太祖。太祖击破之，遂攻拔襄贲㉗，所过多所残戮。

注释 ①隙：裂痕、隔阂。②公孙瓒：人名。字伯珪。详见《三国志》卷八《公孙瓒传》。③高唐：县名。在今山东省禹城县西南。④单经：人名。公孙瓒部将。平原：县名。在今山东省平原县西南。⑤陶谦：人名，字恭祖，时任徐州牧。详见《三国志》卷八《陶谦传》。发干：县名。在今山东省堂邑县西南。⑥鄄城：县名。在今山东省鄄城县北。⑦荆州：州名，东汉时治所在汉寿（今湖南常德市东北）。⑧刘表：人名，字景升，时任荆州牧。详见《三国志》卷六《刘表传》。⑨封丘：县名，在今河南省封丘县。⑩匡亭：地名，在今河南省长垣县西南。⑪襄邑：县名，在今河南省睢县。⑫太寿：县名，在今河南省宁陵、睢县一带。⑬宁陵：县名，在今河南省宁陵县南。⑭九江：郡名，东汉时治所在阴陵（今安徽省定远县西北）。东汉末治所在寿春（今安徽省寿县）。⑮定陶：县名，在今山

东省定陶县西北。⑯下邳：县名，在今江苏省睢宁西北。⑰阙宣（？～一九三），东汉末期人物，下邳人。初平四年（一九三），自称天子。陶谦共同举兵，取泰山华、费，略任城。后为陶谦杀害，收编其追随者。⑱徐州：州名，治所在郯县（今江苏省郯城县北）。东汉末移治下邳。⑲泰山：郡名，治所在奉高县（今山东省泰安县东）。华、费：华，县名。在今山东省费县东北。费，侯国名。在今山东省费县西北。华、费均属泰山郡。⑳下：攻下。㉑兴平：汉献帝第三个年号，共两年（一九四～一九五）。㉒琅邪：王国名。治所在开阳县（今山东省临沂县北）。㉓荀彧：人名。字文若。曹操的重要谋士。详见《三国志》卷十《荀彧传》。㉔程昱：人名。字仲德。曹操的谋士和将领。详见《三国志》卷十四《程昱传》。㉕拔：攻克。㉖东海：郡名。治所在郯县（今山东省郯城县北）。㉗襄贲：县名。在今山东省苍山县南。

译文 袁术与袁绍旧有矛盾。袁术求援于公孙瓒，公孙瓒使刘备屯兵高唐，单经屯兵平原，陶谦屯兵发干，用以威逼袁绍。曹操与袁绍会兵攻击各据点，各地都被击破。

初平四年春，袁术进军鄄城，荆州牧刘表截断袁术粮道。袁术引兵入陈留，屯兵封丘。黑山黄巾余贼和匈奴于夫罗等协助袁术。袁术使部将刘详屯兵匡亭。曹操引兵攻刘详。袁术引兵救刘详，与曹操兵战，曹大破袁术兵。袁术退保封丘，曹操引兵围袁术，在未能合围之际，袁术遁走，奔向襄邑。曹兵追到太寿，决开河渠堤，以泛滥之水灌城。袁术又逃向宁陵，曹又引兵追，袁又逃向九江。夏，曹操引军还归定陶。

下邳人阙宣，聚众数千人，自称天子。徐州牧陶谦与阙宣共同举兵，取得泰山华、费各地，攻略任城。秋，曹操引兵攻陶谦，攻占十余城。陶谦守城不敢出战。

这一年，孙策接受袁术派遣，渡江南下，数年之间，孙策占有江东之地。

汉献帝兴平元年（一九四），曹操从徐州征陶谦归来。当初，曹操的父亲曹嵩，去官以后，回到谯郡。董卓之乱时到琅邪避难，被陶谦所害。所以曹操志在复仇，乃东伐陶谦。夏，曹操派荀彧、程昱两人守鄄城，又出兵征陶谦。攻下五城，得地很多，一直到东海郡（今山东郯城县北）。还兵过郯（今山东郯城县），陶谦部将曹豹和刘备屯兵在郯东，拦截曹操兵。曹操击破曹豹、刘备之兵，乃攻拔襄贲。曹兵所过之地，多有残杀。

会张邈与陈宫①叛迎吕布，郡县皆应。荀彧、程昱保鄄城，范、东阿②二县固守，太祖乃引军还。布到，攻鄄城不能下，西屯濮阳。太祖曰：『布一旦得一州，不能据

东平，断亢父③、泰山之道，乘险要我，而乃屯濮阳，吾知其无能为也。』遂进军攻之。布出兵战，先以骑犯青州兵。青州兵奔，太祖陈④乱，驰突火出，坠马，烧左手掌。司马⑤楼异扶太祖上马，遂引⑥去。未至营止，诸将未与太祖相见，皆怖。太祖乃自力劳⑦军，令军中促为⑧攻具，进复攻之，与布相守百余日。蝗虫起，百姓大饿，布粮食亦尽，各引去。

注释 ①陈宫：人名。字公召。愿随曹操，后从吕布。与吕布一起被曹操生擒，后被曹操所杀。②范：县名。在今河南省范县东南。东阿：县名。在今山东省谷县东北。③亢父）：县名。在今山东省济宁市南。地势极为险要。④陈：通『阵』。军队作战时摆成的战斗队形。⑤司马：官名。汉宫门及大将军、将军、校尉之属官，都有司马。此指将军属官，掌管领兵之事。⑥引：退却。自力：强自支持。⑦劳：慰问，慰劳。⑧促为：赶快准备。

译文 这时张邈和陈宫两人叛而迎吕布，许多郡县一时都响应。曹操部下荀彧、程昱保鄄城和范、东阿两县，固守阵地，曹操见情势危急，乃引兵回。吕布到，进攻鄄城，不能攻下。向西移兵屯濮阳。曹操见吕布用兵如此，他说：『吕布一天之间得一州，但不能以东平为根据，不能断亢父和泰山之道，乘险要以截我军，而屯兵于濮阳。由此我可以看出吕布的无能了！』于是曹操进兵攻吕布。吕布出兵迎战，先用骑兵攻曹操的青州兵。青州兵奔逃，曹操兵阵溃乱，曹操见军中火起，骑马突火而出。曹操坠马，火烧到左手掌。司马楼异奔来扶曹操上马，乃得逃出。曹操并未回到营中，而止于中途。诸将未能见曹操归来，都担心恐惧。但不久曹操归来，且自己巡营慰劳军队，并命令军中，快快制造进攻工具，进兵再攻吕布。曹操与吕布相持不下一百多日，未分胜负，后有蝗虫吃尽田中粮食，百姓遭受大饥荒。吕布军粮食也用尽，双方才各自退去。

秋九月，太祖还鄄城。布到乘氏①，为其县人李进所破，东屯山阳。于是绍使人说太祖，欲连和②。太祖新失兖州，军食尽，将许之。程昱止太祖，太祖从之。冬十月，太祖至东阿。

是岁谷一斛③五十余万钱，人相食，乃罢吏兵新募者。

陶谦死，刘备代之。

二年春，袭定陶。济阴太守吴资保南城④，未拔。会吕布至，又击破之。夏，布将薛兰、李封屯钜野⑤，太祖攻之，布救兰，兰败，布走，遂斩兰等。布复从东缗⑥与陈宫将万余人来战，时太祖兵少，设伏，纵奇兵⑦击，大破之。布夜走，太祖复攻，拔定陶，分兵平诸县。布东奔刘备，张邈从布，使其弟超将家属保雍丘。秋八月，围雍丘⑧。冬

十月，天子拜太祖兖州牧。十二月，雍丘溃，超自杀。夷邈三族⑨。邈诣袁术请救，为其众所杀，兖州平，遂东略陈⑩地。

注释 ①乘氏：侯国名，在今山东省巨野县西南。②连和：联合。③斛：古代量具，汉时以十斗为一斛。④济阴：郡名，治所在定陶县（今山东省定陶县西北）。南城：指定陶县的南城。⑤钜野：县名，在今山东省巨野县南。⑥东缗：县名，在今山东省金乡县东北。⑦纵：放，发。奇兵：乘敌人不备而突袭的军队。⑧雍丘：县名，在今河南省杞县。⑨夷：杀。三族：一般指父族、母族、妻族。⑩陈：王国名，治所在陈县（今河南省淮阳县）。

譯文 秋九月，曹操回到鄄城。吕布兵到乘氏，被乘氏县人李进所攻破。吕布移军向东屯于山阳。于是袁绍派遣使者，游说曹操，想和曹操联和。曹操刚刚失了兖州，加之军中粮食已尽，打算允许与袁绍联和。程昱劝止曹操，不要联袁绍，曹操从程昱之议，不与袁绍连和。冬十月，曹操到东阿。

这一年，谷一斛价五十余万钱。大饥饿，人与人相食，于是停止吏兵新募。陶谦死，刘备代陶谦为徐州牧。

兴平二年春，曹操兵袭击定陶。济阴太守吴资保南城，未能攻下。这时正当吕布兵到，曹操又击破吕布军。夏，吕布部将薛兰、李封屯兵钜野，曹操攻击薛兰兵，吕布驰往救薛兰。薛兰败，吕布退定。曹操乃杀薛兰等。吕布又从东缗与陈宫会合，率领万余众来战。当时曹操兵少，曹操乃设埋伏，突出奇兵击吕布，大破吕布兵。吕布乘夜遁走，曹操再攻，拔定陶，分兵攻下各县。吕布向东走，归于徐州刘备。张邈追随吕布，派弟弟张超带了家属，保守雍丘。秋，八月，曹操兵围雍丘。冬，十月，天子汉献帝拜曹操为兖州牧。十二月，雍丘守兵崩溃，张超自杀。曹操杀尽张邈三族。张邈奔向袁术求救，中途被他自己的乱兵所杀，兖州完全平定，曹操便领兵向东攻略陈地。

是岁，长安乱，天子东迁，败于曹阳①，渡河幸②安邑③。

建安④元年春正月，太祖军临武平⑤，袁术所置陈相袁嗣降。太祖将迎天子，诸将或⑥疑，荀彧、程昱劝⑦之，乃遣曹洪将兵西迎，卫将军董承⑧与袁术将苌奴拒险，洪不得进。汝南⑨、颍川黄巾何仪、刘辟、黄邵、何曼等，众各数万，初应袁术，又附⑩孙坚。

二月，太祖进军讨破之，斩辟、邵等⑪，仪及其众皆降。天子拜太祖建德将军，夏六月，迁镇东将军⑫，封费亭侯。

秋七月，杨奉、韩暹以⑬天子还洛阳，奉别屯梁⑭。太祖遂至洛阳，卫京都，暹遁走。天子假⑮太祖节钺⑯，录尚书事⑰。洛阳残破，董昭等劝太祖都许。

九月，车驾⑱出轘而东，以太祖为大将军，封武平⑲侯。自天子西迁，朝廷日乱，至是⑳宗庙社稷制度始立。

注释 ①曹阳：涧名。又名七里涧。在今河南省灵宝县东。②幸：指帝王到某处。③安邑：县名。在今山西省夏县西北。④建安：汉献帝第五个年号，共二十五年（一九六～二二〇）。⑤武平：县名。在今河南省鹿邑县西北。⑥或：有人。⑦劝：劝勉，鼓励。⑧卫将军：官名。汉代统兵作战的高级军事长官。位次上卿，掌京师兵卫和边防屯警。董承：人名。汉献帝之舅。时任车骑将军。建安五年（二〇〇），受帝密诏，联络刘备等谋害曹操，事泄，被曹操所杀。⑨汝南：郡名。治所在平舆县（今河南省平舆县北）。⑩附：归附，投靠。⑪斩（辟）、邵等：据后面建安五年的记载，刘辟并未死。清代学者沈家本说，这里应作『斩邵等，辟、仪及其众皆降』。⑫镇东将军：官名。将军名号之一，东汉末有镇东、西、南、北将军各一人。⑬以：相当于现代汉语『把』。介词。⑭梁：县名。在今河南省临汝县西。⑮假：给予，授予。⑯节钺：符节和斧钺。古代授予将帅，以示加重其权力。节，符节。钺，斧钺。⑰录尚书事：总领尚书事，即统领朝政。录，总领之意。东汉和帝起，录尚书事独揽大权，无所不总。⑱车驾：皇帝外出时所乘的车，用作皇帝的代称。⑲武平：县名。在今河南省鹿邑县西北。⑳至是：即这时。

译文 这一年，长安大乱，献帝东迁，中途遭李傕郭汜之乱，王师大败于曹阳，渡黄河，车驾至安邑。

献帝建安元年（一九六），春正月，曹操领兵到武平，袁术所置的陈相袁嗣，投降于曹操。曹操将要迎接天子，诸将或有怀疑其有利或有害，而荀彧、程昱二人劝曹操迎天子。曹操便派遣曹洪领兵，向西行进，迎接献帝。卫将军董承和袁术的部将苌奴两人，领兵拦阻曹洪于险要之处。曹洪兵不能进。汝南、颍川两地的黄巾贼何仪、刘辟、黄邵、何曼等人，各有贼众数万，先响应袁术，后又附从孙坚。

二月，曹操进兵讨伐，大破黄巾贼，斩了刘辟、黄邵等，何仪和他的兵众都投降。天子拜曹操为建德将军。夏六月，迁镇东将军，封费亭侯。

秋七月，杨奉、韩暹，随天子回到洛阳。杨奉个别屯兵于梁。曹操乃到洛阳，拱卫京都，韩暹逃走。献帝授予曹操节钺，总领尚书事。洛阳经劫后，残破不堪，董昭等劝曹操迁都许昌。

九月，曹操护天子车驾出轘向东行。天子以曹操为大将军，封武平侯。自从献帝西迁长安，朝廷一切日益纷乱，至

此，宗庙社稷制度，才建立起来。

天子之东也，奉自梁欲要之，不及。冬十月，公①征奉，奉南奔袁术，遂攻其梁屯，拔之。于是以袁绍为太尉②，绍耻班③在公下，不肯受。公乃固④辞，以大将军让绍。天子拜公司空⑤，行车骑将军⑥。是岁用枣祗⑦、韩浩⑧等议，始兴⑨屯田。

注释 ①公：指曹操。因至此始为三公。②太尉：官名。秦时开始设立。掌管军事。汉因之。元狩四年改为大司马。东汉光武帝复名太尉。后代也多沿置，但一般皆为加官，无实权。③班：位次，规定等级。④固：坚决。⑤司空：官名。东汉时为三公之一。汉成帝绥和元年改御史大夫为大司空，后去『大』，称司空。魏为三公官。⑥车骑将军：官名。其位次于大将军、骠骑将军，位比三公。⑦枣祗：人名。本姓棘，因避仇，改姓枣。颍川（今河南省禹县）人。从曹操起兵，建议屯田，曹操采其建议，任屯田都尉。⑧韩浩：人名。字元嗣。河南（今河南省武陡县）人。曹操部将，任中护军。建安元年（一九六年）与枣祗建议实行屯田，供给军食。⑨兴：兴起，实行。

译文 这次天子的东行，杨奉想从梁地拦截车驾，但没来得及。冬十月，曹操引兵征讨杨奉，杨奉不敌，南奔而投袁术。曹操乃攻梁屯，取得其地。于是以袁绍为太尉。袁绍耻于位在曹操之下，不肯接受。曹操仍然坚决辞让大将军职位，以大将军让袁绍。献帝拜曹操为司空，行车骑将军。这一年，用枣祗、韩浩等人的建议，开始实行屯田。

吕布袭刘备，取下邳。备来奔。程昱说公曰：『观刘备有雄才而甚得众心，终不为人下，不如早图①之。』公曰：『方今收②英雄时也，杀一人而失天下之心，不可。』

张济③自关中走南阳。济死，从子绣④领其众。二年春正月，公到宛。张绣降，既而悔之，复反。公与战，军败，为流矢所中，长子昂⑤、弟子安民遇害。公乃引兵还舞阴⑥，绣将骑来钞⑦，公击破之。绣奔穰⑧，与刘表合。公谓诸将曰：『吾降⑨张绣等，失⑩不便取其质，以至于此。吾知所以败。诸卿⑪观之，自今已⑫后不复败矣。』遂还许。

注释 ①图：谋取，设法对付。②方今：当今。收：召集，网罗。③张济：人名。董卓部将。董卓被杀后为董卓报仇攻打吕布。济屯弘农，因士卒乏食，遂入南阳。④从子：兄弟的儿子，即侄子。绣：即张绣。详见《三国志》卷八《张绣传》。⑤昂：即曹昂。字子修。刘夫人所生。刘氏早亡，为丁夫人所养。黄初二年追封为丰悼公，五年追加丰悼王。⑥舞阴：县名。在今河南省泌阳县西北。⑦钞：亦作『抄』。强取，掠夺。⑧穰：县名。在今河南省邓县。⑨降：使……投降。使动用法。⑩失：错误、过失。使：即，迅速。质：人质。⑪诸卿：各位。卿，旧时君对臣、长辈对晚辈的称谓。⑫已：同『以』。

译文 吕布袭击刘备，取得下邳。刘备来投曹操。程昱说曹操云：『看起来，刘备有雄才，而又很得大众之心，终不会居于人下，不如早把他除掉。』曹操说：『目前正在收服英雄的时候，杀一个人而失掉天下的人心，不可以！』

张济从关中走至南阳。张济死，从子张绣率领其士众。

建安二年，春正月，曹操领兵到宛城。张绣出降。过后张绣后悔，又反。曹操与张绣战，兵败。曹操被流矢所射中。曹操长子曹昂、侄曹安民，都在这一战中遇害。曹操乃引兵回舞阴。张绣率骑兵来攻，曹操击破张绣。张绣败走奔穰县，合于刘表。曹操对诸将说：『我收降张绣等人，错在于没有乘便取得质押，以至于如此。我知道了这一次失败的原因。各位看着，从今以后，我不会再失败了。』乃引兵回到许昌。

袁术欲称帝于淮南①，使人告吕布。布收②其使，上③其书。术怒，攻布，为布所破。秋九月，术侵陈，公东征之。术闻公自来，弃军走，留其将桥蕤、李丰、梁纲、乐就；公到，击破蕤等，皆斩之。术走渡淮④。公还许。

公之自舞阴还也，南阳、章陵⑤诸县复叛为绣，公遣曹洪击之，不利，还屯叶⑥，数⑦为绣、表所侵。冬十一月，公自南征，至宛。表将邓济据湖阳⑧。攻拔之，生擒济，湖阳降。攻舞阴，下之。

注释 ①淮南：国、郡名。汉初为淮南国，魏改为淮南郡。治所在寿春（今安徽省寿县）。②收：扣留。③上：指向朝廷上报。④淮：淮河。⑤章陵：县名。在今湖北省枣阳县南。⑥叶：县名。在今河南省叶县南。⑦数：屡次，多次。⑧湖阳：县名。在今河南省唐河县南。

译文 袁术要想在淮南称帝，派人告诉吕布。吕布收押袁术使者，并将袁术的书信和使者送至许昌。袁术大怒，进兵攻吕布，被吕布击破。秋九月，袁术侵陈州。曹操率兵东征袁术。袁术知道曹操亲自来到，弃军而逃，留部将桥蕤、李丰、梁纲、乐就等守阵地。曹操到，击破桥蕤等，杀桥、李、梁、乐等。袁术遁走，渡过淮水。曹操回师许昌。

自从曹操从舞阴回许昌，南阳、章陵各县又叛而归张绣。曹操派遣曹洪进击，不能胜，还兵屯于叶，屡次遭张绣、刘表所侵扰。冬十一月，曹操亲自南征，到宛城。刘表部将邓济据守湖阳。曹操进攻，拔湖阳，生擒邓济，湖阳投降。又攻舞阴，取得舞阴。

三年春正月，公还许，初置军师祭酒①。三月，公围张绣于穰。夏五月，刘表遣兵救绣，以绝军后。公将引还，绣兵来追，公军不得进，连营稍前②。公与荀彧书曰：『贼来追吾，虽日行数里，吾策③之，到安众④，破绣必矣。』到安众，绣与表兵合守险，公军前后受敌。公乃夜凿险为地道，悉⑤过辎重，设奇兵。会明⑥，贼谓公为遁也，悉军来追。乃纵奇兵步骑夹攻，大破之。秋七月，公还许。荀彧问公：『前以策贼必破，何也？』公曰：『虏遏吾归师⑦，而与吾死地战，吾是以知胜矣。』

注释 ①军师祭酒：官名。参谋军事的官职。古代宴会祭祀时，先由一位年高望重的人举杯致祭，称祭酒。后来便作为一种官名。曹操首先发明的官职，在东汉末年的从官，相当于现在团级别参谋。这个官职仅仅存在了短暂的三五年，但在这个官职上，却出现了许多英雄豪杰。②稍前：逐渐前进。③策：计算，估计。④安众：县名，在今河南省镇平县东南。⑤悉：全。⑥会明：正好天亮。会：正好，适逢。⑦虏：敌人。此指刘表，张绣等。遏：阻止，堵住。归师：返回驻地的军队。《孙子·军事篇》：『归师勿遏。』意言人怀归心，必能死战，不可阻击。

译文 建安三年，春正月，曹操引兵回许昌，初置军师祭酒之职。三月，曹操领兵围张绣于穰（今河南邓县境）。夏五月，刘表派军救张绣。刘表军将要遮断曹军后退之路，曹操将要引兵退还。张绣领兵来追，曹操军因有刘表军拦截，不能前进，于是连营而缓进，慢慢向前。曹操给荀彧书信，叙述当时的这时情况说：『贼来追我，我虽每日只能行数里，但我计算，到了安众，一定可以击破张绣。』曹操行到安众，张绣和刘表两军相合，坚守险要，曹军前后受敌。曹操乃于夜间凿地道于险要之下，将辎重粮食全部运过，设置奇兵。天将明，张绣、刘表军以为曹操已逃遁，全军来追。曹操于是突出奇兵，步骑两军，向敌夹攻。大破敌兵。秋七月，曹操回许昌。荀彧问：『前次推算，贼必能破，是什么道理？』曹操答云：『贼众阻遏我撤还之兵，而与我作死地战，我所以知道必胜了。』

吕布复为袁术使高顺①攻刘备，公遣夏侯惇救之，不利。备为顺所败。九月，公东征布。冬十月，屠彭城②，获其相侯谐。进至下邳，布自将骑逆击③。大破之，获其骁将④成廉。追至城下，布恐，欲降。陈宫等沮⑤其计，求救于术，劝布出战，战又败，乃还固守，攻之不下。时公连战，士卒罢⑥，欲还，用荀攸、郭嘉⑦计，遂决泗、沂水⑧以灌城。月余，布将宋宪、魏续等执陈宫，举城降，生禽⑨布、宫，皆杀之。泰山臧霸、孙观、吴敦、尹礼、昌豨各聚众⑩。布之破刘备也，霸等悉从布。布败，获霸等，公厚纳待⑪，遂割青、徐二州附于海以委焉⑫，分琅邪、东海、北海为城阳、利城、昌虑郡⑬。

初，公为兖州，以东平毕谌为别驾⑭。张邈之叛也，邈劫⑮谌母弟妻子；公谢⑯遣之，曰：『卿老母在彼，可去。』谌顿首⑰无二心，公嘉之，为之流涕。既出，遂亡归。及布破，谌生得，众为谌惧，公曰：『夫⑱人孝于其亲者，岂不亦忠于君乎！吾所求也。』以为鲁相⑲。

注释 ①为：替。高顺：人名。吕布部下大将，后为曹操所杀。②屠：大肆残杀。彭城：王国名。治所在彭城县（今江苏省徐州市）。③逆击：迎击。④骁将：勇将。⑤沮：阻止。⑥罢：通『疲』。疲劳，疲乏，疲惫。⑦荀攸：人名。字公达。荀彧的侄子。详见《三国志》卷十《荀攸传》。郭嘉：人名。字奉先。多谋善断。详见《三国志》卷十四《郭嘉传》。⑧泗、沂水：水名。泗水，源出山东省泗水县东蒙山南麓，四源并发，因此而得名。沂水，源出山东省沂源县鲁山，南流经临沂入苏北平原。部分河水流入大运河和骆马湖。泗水、沂水均流过下邳县。故引此二水以灌城。⑨生禽：活捉。禽，通『擒』。⑩泰山：指泰山郡。臧霸、孙观、吴敦、尹礼：人名。原均为陶谦部将，后附吕布，布败后归曹操。曹操封臧霸为琅邪相，孙观为北海太守，吴敦为利城太守，尹礼为东莞太守。详见《三国志》卷十八《臧霸传》。⑪厚：宽厚、优厚。纳待：接纳对待。⑫割：分割，划分。附：靠近。委：委任、委派。⑬北海：王国名。治所在剧县（今山东省昌乐县西）。城阳：郡名。治所在东武县（今山东省诸城县）。利城：郡名。治所在利城县（今江苏省赣榆县西）。昌虑：郡名。治所在昌虑县（今山东省滕县东南）。⑭东平：郡名。治所在无盐（今山东省东平县东）。别驾：官名。亦称别驾从事吏。是州牧、刺史的佐吏。因随州牧、刺史出巡时，别乘驿车从行，故称『别驾』。⑮劫：扣押。⑯谢：感谢。这里含有惋惜、不得已之意。⑰顿首：叩头。头叩地而拜。旧用作下对上的敬礼。⑱夫：无义。用于句首。语助词。⑲以为：任用毕谌为……。省略宾语『毕谌』。鲁：王国名。治所在鲁县（今山东省曲阜县）。

译文 吕布又因为袁术的请求，派部将高顺攻刘备。曹操遣夏侯惇领兵救刘备，战而不利。刘备被高顺击败。九月，曹操东征吕布。冬十月，攻破彭城，掳获其相侯谐。进军到下邳。吕布亲自率骑兵迎击。曹军大破吕布军，掳获吕布骁将成廉。追到城下。吕布恐惧，想要投降。陈宫等人劝止，乃求救于袁术，并劝吕布出战。吕布出战又败，乃回兵固守。曹兵屡攻，不能攻下。这时曹操兵连连作战，士卒疲弊，曹操想要回军。用荀攸和郭嘉所谋之计，决泗水和沂水，灌下邳城。经围困一

月余，吕布部将宋宪、魏续等缚执陈宫，全城投降。曹操得生擒吕布、陈宫，都杀死。太山臧霸、孙观、吴敦、尹礼、昌豨，各自聚集人众。吕布击破刘备时，臧霸等都附从吕布。及吕布败，曹操获臧霸等，而待臧霸等人甚厚；乃割青州、徐州附于海，以委派臧霸等据守。分琅邪、东海、北海为城阳、利城、昌虑三郡。

起初，曹操为兖州牧，以东平人毕谌为别驾。张邈叛乱时，曾劫持毕谌的母亲、弟弟和妻子；曹操解去毕谌职务而遣毕谌去，曹操说：『你的老母在那里，你可以去。』毕谌当时叩首表示无二心。曹操对毕谌嘉勉，毕谌为之流涕。但毕谌辞出之后，竟逃而归张邈。后来吕布事败，毕谌被曹操生擒，大家都为毕谌担心恐惧。但曹操说：『人如果能孝其亲，岂不是也必忠于君吗！这正是我所要求的人。』曹操仍以毕谌为鲁相。

四年春二月，公还至昌邑①。张杨②将杨丑杀杨，眭固③又杀丑，以其众属袁绍，屯射犬④。夏四月，进军临河，使史涣、曹仁⑤渡河击之。固使杨故长史薛洪、河内太守缪尚留守，自将兵北迎绍求救，与涣、仁相遇犬城。交战，大破之，斩固。公遂济河，围射犬。洪、尚率众降，封为列侯，还军敖仓。以魏种为河内太守，属以河北事。初，公举种孝廉。兖州叛，公曰：『唯魏种且不弃孤也⑥。』及闻种走，公怒曰：『种不南走越、北走胡⑦，不置⑧汝也！』既下射犬，生禽种，公曰：『唯其才也！』释其缚而用之。

是时袁绍既并⑨公孙瓒，兼四州⑩之地，众十余万，将进军攻许。诸将以为不可敌，公曰：『吾知绍之为人，志大而智小，色厉而胆薄⑪，忌克⑫而少威，兵多而分画不明⑬，将骄而政令不一，土地虽广，粮食虽丰，适足以为吾奉也⑭。』秋八月，公进军黎阳⑮，使臧霸等入青州破齐、北海、东安⑯，留于禁屯河上。九月，公还许，分兵守官渡⑰。冬十一月，张绣率众降，封列侯。

十二月，公军官渡。

袁术自败于陈，稍困⑱，袁谭⑲自青州遣迎之。术欲从下邳北过，公遣刘备、朱灵⑳要之。会术病死。程昱、郭嘉闻公遣备，言于公曰：『刘备不可纵㉑。』公悔，追之不及。备之未东也，阴与董承等谋反，至下邳，遂杀徐州刺史车胄，举兵屯沛㉒。遣刘岱、王忠击之，不克。

注释 ①昌邑：县名。在今山东省金乡县西北。②张杨：人名。字稚叔。详见《三国志》卷八《张杨传》。③眭固：人名。字白兔。张杨的部将。④射犬：地名。野王县(今河南省沁阳县)的一个聚邑。地在今沁阳县东北。

⑤史涣：人名。字公刘。夏侯惇部将，曹操亲信。曾官中领军。曹仁：人名。字子孝，太祖从弟。详见《三国志》卷九《曹仁传》。⑥且：将。这里表示揣测可能性的语气词。弃：背弃。孤：古代侯王对自己的谦称。⑦越：古代南方的部族，称为『越』或『粤』。其支系众多，分布很广。这里指散居南方（长江以南）的少数民族聚居地区。胡：古代北方的匈奴等少数民族。这里越、胡泛指边远地方。⑧置：放过，饶恕。⑨并：吞并，兼并。⑩四州：指青州（治所在今山东省临淄县北）、冀州（治所在今河北省临漳县西南）、幽州（治所在今北京市西南）、并州（治所在今山西省太原市西南）相当于今山东省北部和河北省、山西省的大部分地区。⑪色厉：外表厉害。色：脸上的神色。厉：严厉，严肃。薄：胆量小。⑫忌克：妒忌刻薄。⑬分画不明：调配、部署不当。分：调配。画：部署，指挥。不明：不得当。⑭适足：正好，恰好。奉：奉献，供给。⑮黎阳：县名。在今河南省浚县东北。为东汉以来的军事重镇。⑯齐：王国名。治所在临淄（今山东省临淄县北）。东安：郡名。治所在今山东省沂水县东北。⑰官渡：地名。在今河南省中牟县东北，临古官渡水。⑱稍困：逐渐衰弱。⑲袁谭：人名。字显思。袁绍长子。详见《三国志》卷六《袁谭传》。⑳朱灵：人名。字文博。详见本书卷十七《朱灵传》。㉑纵：放走。㉒沛：县名。在今江苏省沛县。

译文 建安四年，春二月，曹操回到昌邑。张杨的部将杨丑，杀了张杨，眭固又杀了杨丑，带了张杨的人马归附了袁绍，屯兵射犬。夏四月，曹操进军临黄河，使史涣、曹仁领兵渡河击眭固。眭固使张杨的旧长史薛洪、河内太守缪尚留守射犬，自己领兵北上迎袁绍求救。眭固中途与史涣曹仁相遇在犬城，双方交战。史涣曹仁大破眭固，斩眭固。曹操渡河，兵围射犬。薛洪、缪尚两人率众投降。曹操封两人为列侯，回军敖仓。以魏种为河内太守，委以全部河北政事。在早日，曹操曾举魏种为孝廉。及兖州叛乱，曹操说：『唯有魏种将不会背弃我。』后来听说魏种逃走，曹操发怒说：『魏种不能南逃亡于越，也不能北逃亡于胡地，终逃不出我手，我不会赦免你！』攻下射犬之后，生擒了魏种。曹操却说：『唯魏种的才可用。』解其绑绳而任为河内太守。

这时袁绍既已兼并了公孙瓒，兼有四州之地，兵众十余万，将要进军攻许昌。曹操部下诸将都以为袁绍强大，不可敌。曹操说：『我知道袁绍的为人，志大而智能薄，外表严厉而胆量很小，好猜忌，嫉妒贤能，而缺少威力，兵虽多而不能清楚分划组织指挥，其部将骄矜，而政令不能统一；土地虽广大，粮食虽丰富，正好作为送我们的礼物！』秋八月，曹操进军黎阳，使臧霸等领兵入青州，击破齐、北海、东安，留于禁

屯兵河上。九月，曹操回许昌，分兵守官渡（今河南省中牟县东北地傍官渡水得名）。冬十一月，张绣率众来降，封张绣为列侯。

十二月，曹操军驻官渡。

袁术自从在陈战败之后，稍感困窘。袁谭从青州派人迎袁术。袁术要从下邳北方通过，曹操派遣刘备、朱灵二人拦截袁术。正值此时，袁术病死。程昱、郭嘉听说曹操派遣刘备去拦截袁术，对曹操说：『刘备不可放走！』曹操后悔，已追赶不及。刘备在未能得机会东走以前，曾经与董承等合谋诛除曹操。刘备到了下邳，便杀了徐州刺史车胄，举兵屯于沛县。曹操派遣刘岱、王忠二人击刘备，不能胜。

庐江①太守刘勋率众降，封为列侯。

五年春正月，董承等谋泄，皆伏诛②。公将自东征备，诸将皆曰：『与公争天下者，袁绍也。今绍方来而弃之东，绍乘人后，若何？』公曰：『夫刘备，人杰也，今不击，必为后患。袁绍虽有大志，而见事迟③，必不动也。』郭嘉亦劝公，遂东击备，破之，生禽其将夏侯博。备走奔绍，获其妻子。备将关羽④屯下邳，复进攻之，羽降。昌豨叛为备，又攻破之。公还官渡，绍卒⑤不出。

注释 ①庐江：郡名。治所本在舒（今安徽省庐江县西南），后移至皖县（今安徽省潜山县）。②伏诛：处死刑。③见事迟：指对政治形势不敏感。不能及时下决心。见：辩识。事：时势。迟：迟疑。④关羽：人名。字云长。蜀汉名将。⑤卒：终于。

译文 庐江太守刘勋率众来降，封为列侯。

建安五年，春正月，董承等杀曹操的密谋泄露，同谋人都被杀。曹操将要亲自东征刘备，诸将都说：『与公争天下的人，是袁绍。现今袁绍正要南来，而公弃袁绍不顾，却东征刘备。如果袁绍乘我之虚，从背后攻来，将如何应付？』曹操说：『刘备，是人中豪杰，此时不击破，来日必为后患。袁绍虽有大志，而见事迟顿，必不会动兵。』郭嘉也劝曹操先攻刘备，于是乃出兵向东，击刘备。曹操大破刘备军，生擒刘备部将夏侯博。刘备逃走投奔袁绍，曹操获刘备妻子儿女。刘备部将关羽屯兵下邳，曹操进兵攻下邳。关羽兵败，降。昌豨为附合刘备叛曹操，曹操攻破昌豨。曹操回官渡，袁绍到底没有出兵，果如曹操所料。

二月，绍遣郭图①、淳于琼、颜良攻东郡太守刘延于白马②，绍引兵至黎阳，将渡河。夏四月，公北救延。荀攸说公曰：『今兵少不敌，分其势乃可。公到延津③，若将渡兵向其后者，绍必西应之，然后轻兵④袭白马，掩其不备，颜

良可禽也。』公从之。绍闻兵渡，即分兵西应之。公乃引军兼行趣⑤白马，未至十余里，良大惊，来逆战。使张辽、关羽前登⑥，击破，斩良。遂解白马围，徙其民，循河而西。绍于是渡河追公军，至延津南。公勒兵驻营南坂下⑦，使登垒望之，曰：『可⑧五六百骑。』有顷，复白：『骑稍多，步兵不可胜数。』公曰：『勿复白。』乃令骑解鞍放马。是时，白马辎重就道。诸将以为敌骑多，不如还保营。荀攸曰：『此所以饵⑨敌，如何去之！』绍骑将文丑与刘备将五六千骑前后至。诸将复白：『可上马。』公曰：『未也。』有顷，骑至稍多，或分趣辎重。公曰：『可矣。』乃皆上马。时骑不满六百，遂纵兵击，大破之，斩丑。良、丑皆绍名将也，再战，悉禽，绍军大震。公还军官渡。绍进保阳武⑩。关羽亡归刘备。

八月，绍连营稍前，依沙塠⑪为屯，东西数十里。公亦分营与相当，合战⑫不利。时公兵不满万，伤者十二三。绍复进临官渡，起土山地道。公亦于内作之，以相应。绍射营中，矢如雨下，行者皆蒙楯⑬，众大惧。时公粮少，与荀彧书，议欲还许。彧以为『绍悉众聚官渡，欲与公决胜败。公以至弱当至强，若不能制⑭，必为所乘，是天下之大机也。且绍，布衣之雄⑮耳，能聚人而不能用。夫以公之神武明哲而辅以大顺⑯，何向而不济！』公从之。

注释 ①郭图：人名。字公则。为袁绍谋士。②淳于琼、颜良：人名。均为袁绍部下大将。白马：县名。在今河南省滑县东北。③延津：古津渡口。为古黄河重要渡口。在今河南省新乡市东南，黎阳、白马的西面。④轻兵：轻骑兵。⑤兼行：兼程而行。趣：同『趋』，奔赴。⑥张辽：人名。字文远。详见《三国志》卷十七《张辽传》。前登：首先接战。⑦勒兵：统率军队。坂：山坡，斜坡。⑧可：大约。⑨饵：引诱。⑩阳武：县名。在今河南省原阳县东南。⑪沙塠：沙堆。塠，小丘。⑫合战：交战。⑬蒙：遮蔽。楯：同『盾』。即藤牌。⑭制：取胜，制服。⑮布衣之雄：指平民中的英雄。⑯神武：聪明威武。明哲：明智。大顺：旧指符合封建礼教法制准则的社会大治。此指以天子之名讨伐不臣的叛逆者。

译文 二月，袁绍遣郭图、淳于琼、颜良，攻东郡太守刘延于白马。袁绍自引兵到黎阳，将渡黄河。夏四月，曹操亲自领兵北救刘延。荀攸劝曹操说：『现今我方兵少，不能敌袁绍，若能分散敌方势力，方可以一战。公可以到延津，装成将要渡河，以兵攻其背后之势。袁绍见状，必定以兵向西，以应这种形势。然后我军可以用轻兵突袭白马，乘其不备，则颜良可以擒得。』曹操听从荀攸之计，照计划行事。袁绍听说曹兵将渡河，当即分兵向西应战。曹操乃引兵快速趋白马。当到达距白

马十余里之处时，颜良闻报大惊，急领兵来迎战。曹操使张辽、关羽为先锋，击破颜良军，关羽斩了颜良。乃解白马之围，曹操迁徙其地之民，沿黄河而向西进。袁绍于是渡黄河追曹军，到延津之南。曹操勒止兵马，扎营于南阪之下，使人登垒上远望袁军。报说：『大约五六百骑来。』又过一时，又报：『骑兵稍多，步兵多到数不出数目。』曹操说：『不要再报了！』便下令，骑兵都解下马鞍，放马。这时，白马辎重粮草，装载在道上搬运。曹操部下诸将以为敌方骑兵多，我方不如还保营垒，弃掉辎重。荀攸说：『这些辎重，正是所以引诱敌人的钓饵，怎能丢弃？』袁绍的骑将文丑，与刘备领五六千骑兵前后杀来。曹操诸将向曹操报信，并要求说：『可以上马迎战了。』曹操说：『还不可以。』过了一会儿，到来的敌骑渐渐增多，其中有些敌兵分别趋向辎重粮草。曹操下令说：『可以上马了！』众将乃都上马迎战，当时敌骑不满六百，曹操乃纵兵击敌，大破敌兵，斩了文丑。颜良和文丑都是袁绍的名将，于是曹军再向前攻击，把来将都生擒了，袁绍军大为震怒。曹操还兵到官渡。袁绍军进保守阳武。关羽不辞而走，归刘备。

八月，袁绍连营稍向前进，依沙堆为屯兵之处，东西连营数十里。曹操也分地作营垒，与袁军相对当。两军对战，曹军不利。那时曹兵不满万人。而受伤者有十分之二三。袁绍又进兵临官渡，堆起土山，掘地道。曹操也在官渡内作土山地道，以抵袁兵所攻处。袁绍令兵射箭于曹操营中，箭飞射如雨而下。曹营中人行走都需用盾遮身，曹兵大为恐惧。此时曹营中也缺少粮食，曹操写信给荀彧，商量是否应退回许昌。荀彧回信以为：『袁绍发全部大兵，集聚在官渡，要与公决一胜负。公以极弱之兵，抵挡极强之兵，如果不能制服袁绍，就必被袁绍所制。目前情形，是天下大事转变之重大机运，为成败之重要关键。且袁绍，不过平常人中的英雄而已，能聚人才而不能用。以公之神武明哲，而有诸事都能大顺遂的鸿运辅助，何事不成？』曹操听信荀彧的说法，不退兵。

孙策闻公与绍相持，乃谋袭许，未发，为刺客所杀。汝南降贼刘辟等叛应绍，略许下①。绍使刘备助辟，公使曹仁击破之。备走，遂破辟屯②。

袁绍运谷车数千乘③至，公用荀攸计，遣徐晃④、史涣邀击，大破之，尽烧其车。公与绍相拒连月，虽比战⑤斩将，然众少粮尽，士卒疲乏。公谓运者曰：『却⑥十五日为汝破绍，不复劳汝矣。』冬十月，绍遣车运谷，使淳于琼等五人将兵万余人送之，宿绍营北四十里。绍谋臣许攸贪财，绍不能足，来奔，因⑦说公击琼等。左右疑之，荀攸、贾诩⑧劝公。公乃留曹洪守，自将步骑五千人夜往，

会明至。琼等望见公兵少，出陈门外。公急击之，琼退保营，遂攻之。绍遣骑救琼。左右或言『贼骑稍近，请分兵拒之』。公怒曰：『贼在背后，乃白！』士卒皆殊死⑨战，大破琼等，皆斩之。绍初闻公之击琼，谓长子谭曰：『就彼攻琼等，吾攻拔其营，彼固无所归矣！』乃使张郃⑩、高览攻曹洪。合等闻琼破，遂来降。绍众大溃，绍及谭弃军走，渡河。追之不及，尽收其辎重图书珍宝，虏其众。公收绍书中，得许下及军中人书，皆焚之。冀州诸郡多举城邑降者。

注释 ①许下：许县附近。②屯：指营垒。③乘：古时以一车四马为一乘。④徐晃：人名。字公明。详见《三国志》卷十七《徐晃传》。⑤比战：每次交战。⑥却：还，再。⑦因：就，趁此。⑧贾诩：人名。字文和。详见《三国志》卷十《贾诩传》。⑨殊死：决死，拼命。⑩张郃：人名。字俊乂。详见《三国志》卷十七《张郃传》。

译文 孙策听说曹操与袁绍相持不下，乃谋划袭击许昌。还未能行动，就被刺客所杀。

汝南投降的贼首刘辟等，叛附袁绍，攻略许昌。袁绍使刘备领兵协助刘辟。曹操使曹仁领兵击刘辟。刘辟兵败，刘备逃走，刘辟所屯兵力乃破。

袁绍运粮食车数千辆，往官渡袁营。曹操用荀攸之计，遣徐晃、史涣在路上拦击车队。大破之，将粮车全部烧毁。曹操与袁绍相拒连续两个月，虽屡战而斩袁之部将，但曹军人少而粮缺，士卒疲乏。曹操对运粮者说：『再十五天，我击破袁绍给你看，不再劳驾你们运粮了。』冬十月，袁绍派遣车辆运粮食。派淳于琼等五人领兵一万余人，保送粮车。止宿在距袁绍营北四十里之处。袁绍的谋臣许攸，极贪财，袁绍不能使许攸满足。许攸乃投奔曹操，因劝曹操出兵攻击淳于琼等。曹操的左右怀疑许攸，而荀攸和贾诩劝曹操出击。曹操乃留下曹洪守营，自己领骑兵步兵共五千人，乘夜往击淳于琼，当天明时到达淳于营。淳于琼等见曹操兵少，便出兵布阵于营门外面。曹操急进击，淳于琼退保营地，曹兵进而猛攻。袁绍闻报，派骑兵往救淳于琼。曹操左右有人说：『敌兵渐近，请分兵对抗。』曹操发怒说：『贼到我背后再报告我！』于是士卒们都拼命作战，大破淳于琼等，杀了淳于琼和他的部将。袁绍在初闻报曹操攻击淳于琼时，对长子袁谭说：『现在乘曹操攻淳于琼时，我可以攻取他的大营，他便没有可归之处了。』乃派张郃、高览领兵攻曹洪。张郃等行至中途，听说淳于琼已经被攻破，便归降于曹操。袁绍军因之大溃，袁绍和袁谭弃大军逃走，渡黄河而逃。曹操追袁绍不及，获袁军全部辎重粮草图书珍宝，俘全部袁军。曹操获得袁绍遗下的书信中，发现有许昌和自己军中之人，暗中和袁绍通信的函件。曹操都烧掉。冀州

诸郡，多以城邑投降。

初，桓帝时有黄星见于楚、宋之分①，辽东②殷馗（馗，古逵字，见三苍。）善天文，言后五十岁当有真人③起于梁、沛之间，其锋不可当。至是凡④五十年，而公破绍，天下莫敌矣。

六年夏四月，扬兵⑤河上，击绍仓亭⑥军，破之。绍归，复收散卒，攻定诸叛郡县。九月，公还许。绍之未破也，使刘备略汝南，汝南贼共都等应之。遣蔡扬击都，不利，为都所破。公南征备。备闻公自行⑦，走奔刘表，都等皆散。

七年春正月，公军谯，令曰：『吾起义兵，为天下除暴乱。旧土⑧人民，死丧略⑨尽，国中⑩终日行，不见所识，使吾凄怆伤怀。其举义兵已来，将士绝无后者⑪，求其亲戚以后之⑫，授土田，官给耕牛，置学师以教之。为存者立庙，使祀其先人，魂而有灵，吾百年之后何恨哉！』遂至浚仪⑬，治睢阳渠⑭，遣使以太牢⑮祀桥玄。进军官渡。

注释 ①黄星：土星。又名镇星或填星。见：与『现』同。楚：指今湖北、湖南一带，为古代楚国之地。宋：指今河南省商丘一带，为古代宋国之地。分：分野，指星宿所当的地区。②辽东：郡名。治所在襄平（今辽宁省辽阳市）。③真人：这里指真命天子，即指帝王。④凡：共。⑤扬兵：炫耀兵力。⑥仓亭：津渡口。即仓亭津，一作苍亭津。为东汉以后黄河南北的重要渡口。在今山东省阳谷县境。⑦行：此处为出征。⑧旧土：故乡。⑨略：几乎，差不多。⑩国中：指沛国境内。⑪绝：断。后：后代。⑫求：寻找。后：继承。⑬浚仪：县名。在今河南省开封市。⑭睢阳渠：建安七年（二〇二）曹操主持修治。在今河南省商丘县南。⑮太牢：亦作『大牢』。备牛、羊、猪三牲作祭品。称太牢。

译文 起初，桓帝时有黄星被发现在楚、宋之分的方位。辽东人殷馗善识天文，言后五十年当有真人兴起于梁、沛之间，其锋芒锐不可当。由那时算起，至此时凡五十年，而曹操破袁绍，天下无敌了。

建安六年，夏四月，曹操举兵于河上，击袁绍的仓亭军，破仓亭军。袁绍回来，又收集星散士卒，攻各叛离的郡县，使各地又都安定下来。九月，曹操回到许昌。当袁绍未被曹操攻破以前，袁绍曾派刘备攻略汝南，汝南贼共都等，响应刘备。曹操派蔡扬领兵击共都，不利，被共都击破。曹操亲自南征刘备。刘备听到曹操亲自领兵，乃投奔刘表，共都等都散去。

建安七年，春正月，曹操军屯于故乡谯县。曹操下令说：『我起义兵，为天下消除暴乱。我故乡的人民，几乎全已死亡。我在此地终日行走于街市，看不见从前相识之人，使我凄怆伤怀。自从举义兵以来，将士战死，没有后嗣相继的，可以求其亲戚的后人作为后嗣。当给予田地，给予耕牛，设置学校师傅以教育子弟。要为生存的人立祖庙，使得祭祀其先人。亡人之魂有灵，我百年之后，还有何遗恨？』于是乃到浚仪，治睢阳渠，派使者以太牢祭祀桥玄。进军至官渡。

绍自军破后，发病欧①血，夏五月死。小子②尚代，谭自号车骑将军，屯黎阳。秋九月，公征之，连战。谭、尚数败退，固守。

八年春三月，攻其郭③，乃出战，击，大破之，谭、尚夜遁。夏四月，进军邺。五月还许，留贾信屯黎阳。

己酉④，令曰：『司马法「将军死绥」⑤，故赵括⑥之母，乞不坐⑦括。是古之将者，军破于外，而家受罪于内也。自命将征行，但⑧赏功而不罚罪，非国典⑨也。其令诸将出征，败军者抵罪，失利者免官爵。』

注释 ①欧：同『呕』，吐。②小子：最小的儿子。③郭：外城。④己酉：五月二十五日。古代用十天干（甲、乙、丙、丁、戊、己、庚、辛、壬、癸）和十二地支（子、丑、寅、卯、辰、巳、午、未、申、酉、戌、亥）依次相配纪日，六十日为一周期。⑤司马法：古代兵书。共一百五十篇，今存五篇。战国时齐威王命大夫将司马所指定的军事制度、法令以及军事论著汇编而成。因把齐景公名将大司马穰苴《兵法》附在其中，误认该书为司马穰苴撰。绥：退军，退却。⑥赵括：人名。战国时赵国名将赵奢的儿子，少读兵书，好纸上谈兵。秦攻赵，赵王不听赵括母亲的劝阻，以括为将。此时赵母向赵王请求说，如果赵括不称职，允许她不受儿子的连累。详见《史记·廉颇蔺相如列传》。⑦坐：连坐。古代法律，一人犯法，家属连同治罪。⑧但：只、仅。⑨国典：国家的制度。

译文 袁绍自兵败以后，发病呕血。夏五月，袁绍死。袁绍的小儿子袁尚代父爵职，长子袁谭自号为车骑将军，屯兵黎阳（今河南省浚县东北）。秋九月，曹操亲征袁谭。连战多日，袁谭袁尚屡败，退兵固守。

建安八年，春三月，曹操攻袁氏城郭，袁兵乃出战。曹兵进击，大破袁兵，袁谭、袁尚乘夜遁走。夏四月，曹操进兵到邺。五月，回许昌，留贾信屯兵黎阳。

三月己酉（二十四日）曹操下令曰：『《司马法》说「将军死于退却」，所以赵括的母亲，求赵王不要因赵括而连坐其罪。可知古时的为将者，如兵败于战场，其家人并应坐罪于国内。我自从出令率兵，各处征讨，仅赏有功，而不罚有罪，这并不是国家的法典。现命令诸将，凡出征时，兵败者抵罪，失

利者免其官爵。』

秋七月，令曰：『丧乱已来，十有①五年，后生者不见仁义礼让之风，吾甚伤之。其令郡国各修②文学，县满五百户置校官③，选其乡之俊造④而教学之，庶几⑤先王之道不废，而有以益于天下。』

八月，公征刘表，军西平⑥。公之去邺而南也，谭、尚争冀州，谭为尚所败，走保平原⑦。尚攻之急，谭遣辛毗⑧乞降请救。诸将皆疑，荀攸劝公许之，公乃引军还。冬十月，到黎阳，为子整⑨与谭结婚。尚闻公北，乃释平原还邺。东平吕旷、吕翔叛尚，屯阳平⑩，率其众降，封为列侯。

注释 ①有：同『又』。②修：研习，学习。文学：此处指儒家经书。③校官：主管学校的官员。④俊造：指俊士和造士。俊士即才智俊秀的人，造士即有相当学业成就的人。⑤庶几：也许可以。表示希望之意。⑥西平：县名。在今河南省西平县西。⑦平原：县名。在今山东省平原县西南。⑧辛毗：人名。字佐治。详见《三国志》卷二十五《辛毗传》。⑨整：曹整，曹操子，为李姬所生。建安二十二年封郿侯。无子。结婚：结亲，结为婚姻之好。⑩阳平：县名。在今山东省莘县。

译文 秋七月，曹操下令说：『自从国家动乱以来，已经有十五年，现在的年轻人，没见过仁义礼让的善良风俗。我很为之伤心。现令各郡国，各修文馆，每县凡满五百户，设置校官，选择其乡中的俊秀，加以教学。也许能使先王之道不废，而有益于天下。』

八月，曹操亲自领兵征刘表，兵扎西平。当曹操离开邺城而南归许昌之后，袁谭、袁尚两人争取冀州，袁谭为袁尚所击败，退到平原郡固守。袁尚进攻平原甚急，袁谭派辛毗向曹操乞降，请曹操出兵相救。诸将都怀疑，荀攸劝曹操答应袁谭的请求。曹操乃引兵回。冬十月，曹操到黎阳，为儿子曹整聘袁谭之女结婚。袁尚知曹操北来，乃解平原之兵，回邺。东平吕旷、吕翔叛袁尚，屯兵阳平，率其兵众降曹操，封为列侯。

九年春正月，济河，遏淇水入白沟以通粮道①。二月，尚复攻谭，留苏由、审配②守邺。公进军到洹水③，由降。既至，攻邺，为土山、地道。武安长尹楷屯毛城④，通上党⑤粮道。夏四月，留曹洪攻邺，公自将击楷，破之而还。尚将沮鹄守邯郸⑥，又击拔之。易阳令韩范、涉长梁岐举县降，赐爵关内侯⑦。五月，毁土山、地道，作围潦⑧，决漳水⑨灌城；城中饿死者过半。秋七月，尚还救邺，诸将皆以为『此归师，人自为战，不如避之。』公曰：『尚从大道来，当避之；若循西山⑩来者，此成禽耳。』尚果循西山来，临滏水⑪为营。夜遣兵犯围，公逆击破走之，遂围其营。未合，尚惧，遣故豫州刺史阴夔及陈琳⑫乞降，公不许，为围益急。尚夜遁，保祁山⑬，追击之。其将马延、张顗等临陈降，众大溃，尚走中山⑭。尽获其辎重，得尚印绶节钺，使尚降人示其家，城中崩沮⑮。八月，审配兄子荣夜开所守城东门内⑯兵。配逆战，败，生禽配，斩之，邺定。公临祀绍墓，哭之流涕；慰劳绍妻，还其家人宝物，赐杂缯絮⑰，廪食⑱之。

注释 ①淇水：水名。古为黄河支流。流经河南省淇县东，往南流入黄河。白沟：本为一小河，在今河南省浚县西。发源处接近今淇河东岸。曹操于淇口作堰，阻淇水东入白沟以通粮道。此后上起枋堰，下至今河北省威县以南的清河，皆称白沟。②苏由、审配：人名。均为袁绍旧部。③洹水：水名。又名安阳河。在今河南省北境，流经邺县西南。④武安：县名。在今河北省武安县西南。毛城：地名。在今河北省涉县西。⑤上党：郡名。治所在壶关（今山西省长治市北）。⑥沮鹄：人名。袁绍谋士沮授之子。邯郸：县名，在今河北省邯郸市西南。⑦易阳：县名。在今河北省永年县东南。涉：侯国名（相当于县）。在今河北省涉县西北。关内侯：爵位名。汉代封爵二十级中第十九级，仅次于列侯。只有俸禄而无封地。⑧围壕沟。⑨漳水：水名。即今漳河，在今河北省南部。⑩西山：即太行山。⑪滏水：水名。即今滏阳河。在今河北省临漳县西部。⑫陈琳：人名。字孔璋。为建安七子之一。详见《三国志》卷二十一《陈琳传》。⑬祁山：又称滥口或蓝口。在今河南省安阳市西。⑭中山：国名。今河北省定县。⑮崩沮：瓦解、崩溃。⑯内：同『纳』。⑰缯：丝织品的总称。絮：粗丝棉。⑱廪食：官府给粮食。

译文 建安九年，春正月，曹操率军过黄河，遏阻淇水入白沟，以求能通运粮之路。二月，袁尚又攻袁谭，袁尚留苏由、审配等守邺。曹操进兵到洹水，苏由投降曹军。曹军既到邺，进击，作土山，掘地道。袁尚部属武安长尹楷，屯兵毛城，以通上党运粮道路。夏四月，曹操留曹洪攻邺，自己领兵攻尹楷，破尹楷而回。袁尚部将沮鹄，守邯郸，曹操又亲领兵攻破，取邯郸。易阳令韩范，涉县长梁岐，以县降。赐爵关内侯。五月，攻邺兵毁去土山，毁去地道。在城外作围城水沟，决漳水灌城，城中饿死者过半。秋七月，袁尚回兵救邺，诸将都以为：『这是一种归家之兵，人人能独自作战，不如避其锋头。』曹操说：『袁尚如果从大道来，应当避他，如果循西山山路来，这一回就被擒了！』袁尚果然循西山山路而来，临滏水扎营。夜间，袁尚派兵攻曹军的围兵。曹军迎击，破走袁

军，乃包围袁军大营。还没有合围之际，袁尚恐惧，派前豫州刺史阴夔和陈琳，向曹操乞降。曹操不准，包围袁营更急。袁尚在夜间逃遁，退守祁山，曹操追击。袁尚部将马延、张顗等，临阵投降，袁军士众大溃，袁尚走中山。曹操获其军全部辎重，得袁尚的印绶和节钺，使袁尚的部下投降之人，将袁尚印绶等物，给其家人看，城中人心崩溃沮丧。八月，审配的兄子审荣，在夜间开了他所守的城东门，迎纳曹兵入城。审配迎战，战败。曹操生擒审配，斩审配，邺事平定。曹操亲临祭祀袁绍墓，哭袁绍为之流涕。慰劳袁绍妻，归还袁绍家人宝物，赐杂缯絮，命定时给予袁绍家人廪食。

初，绍与公共起兵，绍问公曰：『若事不辑①，则方面何所可据？』公曰：『足下②意以为何如？』绍曰：『吾南据河，北阻燕、代③，兼戎狄之众，南向以争天下，庶可以济乎？』公曰：『吾任天下之智力，以道御之，无所不可。』

注释 ①辑：成功。②足下：对人表示敬称之词。③燕、代：春秋两个国名。地相当于河北省北部和山西省东北部一带。戎狄：我国古代对少数民族的泛称。古代称西方的游牧部族为戎，北方的游牧部族为狄。这里泛指乌桓、鲜卑、南匈奴等部族。

译文 起初，袁绍和曹操一起起兵时，袁绍问曹操说：『如果举事不成，则据地方以作远大之图，何地为可据？』曹操说：『足下的意思，以为如何？』袁绍说：『我南据黄河，北恃燕、代，兼有戎狄的人众。南向以争取天下，差不多可以济事。』曹操说：『我依恃天下之智力，用大道治事，没有办不成的事。』

公之围邺也，谭略取甘陵、安平、勃海、河间①。尚败，还中山。谭攻之，尚奔故安②，遂并其众。公遗③谭书，责以负约，与之绝婚，女还，然后进军。谭惧，拔④平原，走保南皮⑤。十二月，公入平原，略定诸县。

十年春正月，攻谭，破之，斩谭，诛其妻子，冀州平。下令曰：『其与袁氏同恶者，与之更始⑥。』令民不得复私仇，禁厚葬，皆一⑦之于法。是月，袁熙⑧大将焦触、张南等叛攻熙、尚，熙、尚奔三郡乌丸⑨。触等举其县降，封为列侯。初讨谭时，民亡椎冰⑩，令不得降。顷之，亡民有诣门首者，公谓曰：『听⑪汝则违令，杀汝则诛首，归深自藏，无为吏所获。』民垂泣而去；后竟捕得。

注释 ①甘陵：县名。在今山东省临清县东北。安平：县名。在今河北省安平县。河间：郡名。治所在乐城县（今河北省献县东南）。②故安：县名。在今河北省易县东南。

③遗：送。④拔：开拔，转移。⑤南皮：县名。在今河北省南皮县东北。⑥更始：重新开始，改过自新。⑦一：一概，都。⑧袁熙：人名。袁绍次子。字显雍。⑨三郡：指辽西（治所在阳乐县。即今辽宁省义县西）、上谷（治所在沮阳县，即今河北省怀来县东南）、右北平（治所在土垠县，即今河北省丰润县东南）三郡。乌丸：也叫乌桓。古代北方的游牧部族。⑩亡：逃亡。椎水：凿冰、击冰。⑪听：听任，任凭。

译文　当曹操围邺之时，袁谭攻取甘陵、安平、勃海、河间各地。袁尚败，回到中山，袁谭攻中山，袁尚奔至故安，袁谭乃合并袁尚的士众。曹操与袁谭书信，责袁谭负约背信，与袁氏断绝婚姻之好。遣袁女回，归还袁家，然后曹操进兵。袁谭恐惧，曹军攻拔平原，袁谭退走，守南皮。十二月，曹操入平原，平定各县。

建安十年，春正月，曹操攻袁谭破之。斩袁谭，杀其妻子，冀州平定。曹操下令：『与袁氏同恶之人，给他们一个改过自新的机会。』又令民不得报私仇，禁止厚葬，都以法律施行。同月，袁熙的大将焦触、张南等叛，攻击袁熙、袁尚。袁熙、袁尚奔三郡乌丸。焦触等以其县降曹，封为列侯。在先，曹操征讨袁谭时，使民凿开川流冰冻以通船只，民不肯椎冰而逃亡。曹操以民为叛逆，下令逃亡者，都不许投降。过些时，逃亡之民有来至曹操门首诉苦者。曹操对他们说：『听你的陈述，便是违令；杀你就要砍头。你快回去，不可被官吏捕到。』逃亡之民垂泪而去，最后竟仍被捕。

三郡乌丸承①天下乱，破幽州，略②有汉民合十余万户。袁绍皆立其酋豪③为单于，以家人子④为己女，妻⑤焉。辽西单于蹋顿⑥尤强，为绍所厚，故尚兄弟归之，数入塞为害。公将征之，凿渠，自呼沲入泒水⑦，名平虏渠；又从泃河⑧口凿入潞河，名泉州渠⑨，以通海。

注释　①承：通『乘』，趁机。②略：通『掠』。③酋豪：部落首领。④家人子：指宗师女，亦即同姓女。⑤妻：用做动词。作妻子。⑥蹋顿：辽西乌丸酋长。曾助袁绍攻破公孙瓒，被袁绍封为乌丸单于。建安十二年（二〇七）为曹操所杀。⑦呼沲：水名。即今河北省滹沱河。泒水：古水名。上游即今河北省沙河，下游循大清河至天津入海。⑧泃河：水名。源出天津市蓟县北，西南流经北京市平谷县南，至天津市宝坻县东北流注蓟运河。⑨泉州渠：因渠道南起今全州县（今河北省武清县东南）境，故名。自今天津市东分潞水（当今海河）北流，至今宝坻县东南入鲍丘水。

译文　三郡乌丸趁天下大乱之机，攻破幽州，抢掠汉族百姓十

多万户。袁绍曾把他们的酋长和首领都立为单于，并把本族人的女儿作为自己的女儿，嫁给他们为妻。其中辽西单于蹋顿势力最大，最受袁绍厚爱，所以袁尚兄弟来投奔他，他们多次侵入边塞抢掠。曹公准备征讨乌丸，先开凿河渠，从呼沲河直到泒水，命名平虏渠。又从泃河口凿通潞河，起名叫泉州渠，通向大海。

将北征三郡乌丸，诸将皆曰：『袁尚，亡虏耳①，夷狄贪而无亲②，岂能为尚用？今深入征之，刘备必说刘表以袭许。万一为变，事不可悔。』惟郭嘉策③表必不能任备，劝公行。夏五月，至无终④。秋七月，大水，傍海道不通，田畴请为乡导⑤，公从之。引军出卢龙塞⑥，塞外道绝不通，乃堑山堙⑦谷五百余里，经白檀⑧，历平冈⑨，涉鲜卑庭⑩，东指柳城⑪。未至二百里，虏乃知之。尚、熙与蹋顿、辽西单于楼班⑫、右北平单于能臣抵之等将数万骑逆军。八月，登白狼山⑬，卒⑭与虏遇，众甚盛。公车重⑮在后，被甲⑯者少，左右皆惧。公登高，望虏陈不整，乃纵兵击之，使张辽为先锋，虏众大崩，斩蹋顿及名王⑰已下，胡、汉降者二十余万口。辽东单于速仆丸及辽西、北平诸豪⑱，弃其种人⑲，与尚、熙奔辽东，众尚有数千骑。初，辽东太守公孙康恃⑳远不服。及公破乌丸，或说公遂征之，尚兄弟可禽也。公曰：『吾方使康斩送尚、熙首，不烦兵矣。』九月，公引兵自柳城还，康即斩尚、熙及速仆丸等，传其首。诸将或问：『公还而康斩送尚、熙，何也？』公曰：『彼素畏尚等，吾急之则并力，缓之则自相图，其势然也。』十一月至易水㉑，代郡乌丸行单于普富卢、上郡㉒乌丸行单于那楼将其名王来贺。

十三年春正月，公还邺，作玄武池以肄舟师㉓。汉罢三公官㉔，置㉕丞相、御史大夫。夏六月，以公为丞相。

注释

①亡虏：败逃的敌人。耳：罢了。语气助词。②夷狄：这里指乌丸。无亲：不讲友情。③策：推断。④无终：县名。在今河北省蓟县。⑤田畴：人名。字子泰。详见《三国志》卷十一《田畴传》。乡导：向导。⑥卢龙塞：古要塞名。在河北省喜峰口附近一带。古有塞道，自今河北省蓟县东北经遵化、循滦河河谷，折东趋大凌河河域，为河北平原通向东北的交通要道。⑦堑：挖掘。堙：填塞。⑧白檀：县名。西汉置县。在今河北省滦平县东北。东汉废。⑨平冈：县名。西汉置县。在今辽宁省凌源县西。⑩鲜卑庭：指鲜卑人居住的区域。鲜卑：古时北方少数民族名。为东胡的一支。⑪柳城：县名。西汉置县，在今辽宁省朝阳市西南。⑫楼班：辽西乌丸大人丘力居的儿子。丘力居死，楼班年幼，由党兄蹋顿代位。后楼班立

为单于，蹋顿为王。⑬白狼山：山名。即今辽宁省喀剌沁左翼蒙古族自治县东境白鹿山（蒙古语名布虎图）。⑭卒：同『猝』，突然。⑮车重：即辎重。⑯被甲：穿着战服。被：通『披』。甲：盔甲。⑰名王：指部族中有名的首领。《汉书·宣帝纪》：『单于遣名王奉献。』《注》：『名王者，谓有大名以别诸小王也。』⑱豪：指首领。⑲种人：同一部族的人。⑳公孙康：人名。公孙度之子，继父为辽东太守。曹操征乌丸，公孙康杀袁尚兄弟，被曹操封为襄平侯。恃：依靠、凭借。㉑易水：水名。即今河北省西部易水。源于易县境，南入拒马河。㉒代郡：郡名。治所在高柳（今山西省阳高县）。上郡：郡名。治所在肤施（今陕西省榆林县东南）。㉓玄武池：古池名。今已埋废。在今河北省临漳县邺镇西。肄：训练，演习。舟师：水军。㉔罢：废止。三公官：东汉以太尉、司徒、司空为三公，代替西汉丞相、太尉、御史大夫。㉕置：设置。

译文 曹公将北征三郡乌丸，诸将都说：『袁尚是一个在逃的贼寇罢了，夷狄贪婪而不讲交情，哪能被袁尚利用呢？现在深入其境去征讨，刘备必然劝说刘表袭击许县。万一事态恶化，后悔就来不及了。』只有郭嘉料定刘表必不能任用刘备，劝曹公出征。夏五月，到达无终。秋七月，大水泛滥，沿海道路不通，田畴请求当向导，曹公同意了。田畴带领军队出卢龙塞，塞外路断了，无法通行。于是平山填谷五百多里，经过白檀，穿过平冈，到达鲜卑庭，东进柳城。柳城只有二百里了，敌人才发觉。袁尚、袁熙和蹋顿，辽西单于楼班，右北平单于能臣抵之等带领几万骑兵迎战。八月，部队登上白狼山，突然遇上了敌军，敌军声势强大。曹公辎重还在后面，披甲兵士少，身边人都恐惧。曹公登上高处，望见敌阵不严整，于是挥兵进攻，派张辽为先锋，敌军大崩溃，斩了蹋顿及名王以下首领，胡、汉投降的有二十多万人。辽东单于速仆丸及辽西、北平各个乌丸首领，丢下本族人，和袁尚、袁熙逃奔辽东，只剩下骑兵几千人。当初，辽东太守公孙康凭仗地处偏远，不服从朝廷。等到曹公打败乌丸，有人劝曹公接着去征讨公孙康，袁尚兄弟就可以捉住了。曹公说：『我正要让公孙康斩送袁尚、袁熙首级来，不需要麻烦兵士了。』九月，曹公领兵从柳城返回，公孙康就斩了袁尚、袁熙及速仆丸等，送来了首级。诸将中有人问：『您回师而公孙康斩送袁尚、袁熙，这是什么原因？』曹公说：『他一向畏惧袁尚等人，我紧逼，他们就要合力对我，我暂缓进攻，他们就要自相残杀了，这是必然之势啊。』十一月，到达易水，代郡乌丸代理单于普富卢、上郡乌丸代理单于那楼带着他们的知名头领来祝贺。

十三年春正月，曹公回到邺县，开凿玄武池以训练水军。汉朝撤销三公官职，设置丞相、御史大夫。夏六月，封曹公为

丞相。

评曰：汉末，天下大乱，雄豪并起，而袁绍虎视四州，强盛莫敌。太祖运筹演谋，鞭挞宇内，揽申、商之法术，该韩、白之奇策，官方授材，各因其器，矫情任算，不念旧恶，终能总御皇机，克成洪业者，惟其明略最优也。抑可谓非常之人，超世之杰矣。

譯文 评：汉朝末年，天下大乱，英雄豪杰同时兴起，而袁绍占有四州，虎视眈眈，强盛无敌。太祖运用计谋，征讨天下，采取申不害、商鞅的治国方略，具备韩信、白起的奇谋，把官职授予有知识有才能的人，根据各人情况授予不同官职，控制感情，重视计谋，不记旧仇。终于能全面掌握大权，完成建国大业，这在于他有英明的谋略啊。他可以称得上是非凡之人，盖世的英杰了。

晋书

二十四史精华

唐·房玄龄等著

阮籍传

阮籍，字嗣宗，陈留①尉氏人也。父瑀，魏丞相掾，知名于世。籍容貌瑰杰②，志气宏放，傲然独得③，任性不羁④，而喜怒不形于色。或闭户视书，累月不出；或登临山水，经日忘归⑤。博览群籍，尤好《庄》《老》。嗜酒能啸，善弹琴。当其得意，忽忘形骸。时人多谓之痴，惟族兄文业每叹服之，以为胜己，由是咸⑥共称异⑦。

注释 ①陈留：今河南开封东南。②容貌瑰杰：相貌奇伟出众。③傲然独得：有着独特的傲岸性格。④任性不羁：他凭个性行事而不受拘束。⑤经日忘归：好几天都忘记了回家。⑥咸：都、全部。⑦异：奇特。

译文 阮籍，字嗣宗，陈留尉氏人。父亲阮瑀，做过魏朝丞相曹操的僚属，在当时社会上颇有名气。阮籍的相貌奇特伟岸超越众人，志气宏达豪放，性格傲岸，做事凭借性格不受拘束，心里感到高兴或恼怒时，从来不在脸色上表露出来。有时闭门读书，几个月也不出家门；有时登山玩水，连续几天忘了回家。他博览群书，尤其喜爱《庄子》《老子》。喜好饮酒，能长啸又善于弹琴。当他得意的时候，总感到飘飘悠悠而忘记了自己形体的存在。当时多数人说他癫狂，只有他堂兄阮文业常

常赞叹佩服他，认为阮籍胜过自己，因此，大家都称颂阮籍的奇特。

籍尝随叔父至东郡，兖州刺史王昶请与相见，终日不开一言，自以不能测①。太尉蒋济闻其有隽才而辟②之，籍诣都亭奏记曰：『伏惟明公以含一之德，据上台之位，英豪翘首，俊贤抗足。开府之日，人人自以为掾属；辟书始下，而下走为首。昔子夏在于西河之上，而文侯拥彗；邹子处于黍谷之阴，而昭王陪乘。夫布衣韦带之士，孤居特立，王公大人所以礼下之者，为道存也。今籍无邹、卜之道，而有其陋，猥见采择，无以称当。方将耕于东皋之阳，输黍稷之余税。负薪疲病，足力不强，补吏之召，非所克堪。乞回谬恩，以光清举。』初，济恐籍不至，得记欣然。遣卒迎之，而籍已去，济大怒。于是乡亲共喻之，乃就吏。后谢病归。复为尚书郎，少时，又以病免。及曹爽辅政，召为参军。籍因以疾辞，屏于田里。岁余而爽诛，时人服其远识。宣帝为太傅，命籍为从事中郎。及帝崩，复为景帝大司马从事中郎。高贵乡公即位，封关内侯，徙散骑常侍。

注释 ①自以不能测：感到令人难以揣摩。②辟：征召。

译文 阮籍曾经跟随他叔父到东郡（今河南濮阳西南），兖州（今属山东）刺史王昶请求与阮籍会面，阮籍却整天不开口说

一句话，王昶感到阮籍这个人令人难以琢磨。太尉蒋济听说阮籍才智出众而征召他，阮籍前往亭长府内给蒋济写一份奏章，说：『卑下俯伏上言，贤明的太尉，您以纯净的涵养美德，处于辅助国君的高级地位，使英雄豪杰翘首，让后士贤人踮脚。正当成立官署选拔官吏之日，人人都想自己能充任您的僚属，您的征召文书刚刚下达，我这个卑下走卒竟名列前茅。过去，子夏住在西河（今黄河与北洛河之间），为请子夏到魏国做官，魏国国君文侯亲自抱着扫帚为他清道；邹子住在黍谷（今河北密云西南），为请邹衍到燕国当导师，燕国国君昭王自己陪站在邹子车子的右厢。这些人衣带粗陋，深居简出，孤清独立，王公大人之师对他们礼贤下士，是因为他们身上存在着美德韬略。现在，阮籍并没有邹衍、子夏的美德韬略，有的只是浅薄粗陋，卑下有辱于您的选拔，实在难以担当。我刚要到高朗朝阳的田野去耕耘种作，以缴纳国家的钱粮税收。况且我身患疾病，足力不强，不能为您奔走效劳。任命我为官属的召令，是我所不能承受的。乞求您收回对我的错误的恩赐，以便使这次明正的举荐选拔更闪耀光辉。』征召初时，蒋济唯恐阮籍不来，接到了阮籍的奏章，很是高兴，便派差役去迎接阮籍，但阮籍却已经离去，蒋济非常气恼。因此，乡亲都来劝告阮籍，阮籍于是接受了官职。后来，阮籍托病返乡。及后，阮籍又做了尚书郎。不久，又托病辞职。到了曹爽辅助朝政时，阮籍又被召为参军。阮籍还是以病推辞，而隐居于乡间。过了一年多，曹爽被杀，当时人们都钦佩阮籍有远见。宣帝司马懿做太傅时，阮籍被任命为从事中郎，到了司马懿驾崩后，阮籍又做了景帝司马师大将军的从事中郎。高贵乡公曹髦做皇帝时，阮籍被封为关内侯，后调任为散骑常侍。

籍本有济世志，属魏、晋之际，天下多故，名士少有全者，籍由是不与世事，遂酣饮为常。文帝初欲为武帝求婚于籍，籍醉六十日，不得言而止①。钟会数以时事问之，欲因其可否而致之罪，皆以酣醉获免。及文帝辅政，籍尝从容言于帝曰：『籍平生曾游东平，乐其风土。』帝大悦，即拜东平相。籍乘驴到郡，坏府舍屏鄣，使内外相望，法令清简，旬日而还。帝引为大将军从事中郎。有司言有子杀母者，籍曰：『嘻！杀父乃可，至杀母乎②！』坐者怪其失言。帝曰：『杀父，天下之极恶，而以为可乎？』籍曰：『禽兽知母而不知父，杀父，禽兽之类也。杀母，禽兽之不若。』众乃悦服③。

籍闻步兵厨营人善酿，有贮酒三百斛，乃求为步兵校尉。遗落世事④，虽去佐职，恒游府内，朝宴必与焉。会帝让九锡，公卿将劝进，使籍为其辞。籍沈醉忘作，临诣府，使取之，见籍方据案醉眠。使者以告，籍便书案，使

写之，无所改窜⑤。辞甚清壮，为时所重⑥。

注释 ①不得言而止：没有开口的机会而只好作罢。②杀父乃可，至杀母乎：杀死父亲就算了，为何竟杀死母亲！③悦服：心悦诚服。④遗落世事：事务弃置不管。⑤无所改窜：文章没有一处改动过。⑥为时所重：为当时人们所赞赏。

译文 阮籍本来就有匡时救世的志向，但他处于魏晋交替之时，当时天下多事，凡知名之士很少有好结果的，阮籍因而不干预世事，于是时常开怀畅饮。文帝司马昭起初要为他的儿子武帝司马炎请求阮籍联结姻亲，而阮籍大醉六十日，使司马昭没能开口只能作罢。钟会数次问阮籍关于时事问题，企图根据阮籍是赞成还是反对来给阮籍定罪，但阮籍每次都喝得酩酊大醉，从而避免了遭受陷害。到了文帝司马昭辅助朝政时，阮籍曾经从容地对文帝说：『我曾经游览过东平（今属山东），喜欢那里的风俗习惯和地理环境。』文帝非常高兴，马上任命阮籍为东平相。阮籍骑着驴子到了东平郡，拆毁了东平相府舍衙门的围墙和影壁，使内外可以相望，并且精简了法令，过了十天，他便回乡了。文帝司马昭又举荐阮籍为大将军的从事中郎。管事的官吏谈到有一个儿子杀死了母亲的事，阮籍说：『唉！将父亲杀死就算了，为何竟然杀死母亲！』在座的人都怪他失言。文帝司马昭说：『杀死父亲是天下的极端罪恶，怎么认为可以呢？』阮籍说：『禽兽只知道母亲而不知道父亲，人杀了父亲，类似禽兽。杀死母亲，就连禽兽都不如了。』于是，大家都心服口服。

阮籍听说步兵营的厨师善于酿酒，并存有三百斛酒，他便请求去当步兵校尉。他弃置事务不管，虽然辞去从事中郎，但还经常游乐于大将军的府内，每有朝堂宴会他也必定参加。文帝司马昭一再谦让帝王赐给他的九种器物，朝廷大臣劝司马昭进晋公位，接受赐予的九件器物，并指使阮籍为他们写劝时文。阮籍喝得大醉，忘记了写劝进文，大臣临到大将军府内时，才派使者去取劝进文，使者见到阮籍正靠着几案醉醺醺的，告诉阮籍来意后，阮籍便在几案上划字，让使者誊抄，文章竟没改动过一处。文辞很清丽豪壮，为当时人们所称赞。

籍虽不拘礼教，然发言玄远，口不臧否人物。性至孝，母终，正与人围棋，对者求止，籍留与决赌。既而饮酒二斗，举声一号，吐血数升。及将葬，食一蒸肫，饮二斗酒，然后临诀，直言穷矣，举声一号，因又吐血数升，毁瘠骨立，殆致灭性。裴楷往吊之①，籍散发箕踞②，醉而直视，楷吊唁毕便去。或问楷：『凡吊者，主哭，客乃为礼。籍既不哭，君何为哭？』楷曰：『阮籍既方外之士，故不崇礼典。我俗中之士，故以轨仪自居③。』时人叹为两得④。籍又能为青白眼，见礼俗之士，以白眼对之。及嵇喜来吊，籍

作白眼，喜不怿而退。喜弟康闻之，乃赍酒挟琴造焉，籍大悦，乃见青眼。由是礼法之士疾之若仇，而帝每保护之。

籍嫂尝归宁，籍相见与别。或讥之，籍曰：『礼岂为我设邪！』邻家少妇有美色，当垆沽酒。籍尝诣饮，醉，便卧其侧。籍既不自嫌，其夫察之，亦不疑也。兵家女有才色，未嫁而死。籍不识其父兄，径往哭之，尽哀而还。其外坦荡而内淳至，皆此类也。时率意独驾，不由径路，车迹所穷，辄恸哭而反。尝登广武，观楚、汉战处，叹曰：『时无英雄，使竖子成名！⑤』登武牢山，望京邑而叹，于是赋《豪杰诗》。景元四年冬卒，时年五十四。

籍能属文，初不留思。作《咏怀诗》八十余篇，为世所重。著《达庄论》，叙无为之贵。文多不录。

籍尝于苏门山遇孙登，与商略终古及栖神导气之术，登皆不应，籍因长啸而退。至半岭，闻有声若鸾凤之音，响乎岩谷，乃登之啸也。遂归著《大人先生传》，其略曰：『世人所谓君子，惟法是修，惟礼是克。手执圭璧，足履绳墨。行欲为目前检，言欲为无穷则。少称乡党，长闻邻国。上欲图三公，下不失九州牧。独不见群虱之处裈中，逃乎深缝，匿乎坏絮，自以为吉宅也。行不敢离缝际，动不敢出裈裆，自以为得绳墨也。然炎丘火流，焦邑灭都，群虱处于裈中而不能出也。君子之处域内，何异夫虱之处裈中乎！』此亦籍之胸怀本趣也。

子浑，字长成，有父风。少慕通达，不饰小节。籍谓曰：『仲容已豫吾此流，汝不得复尔！』太康中，为太子庶子。

注释 ①裴楷往吊之：裴楷前往吊唁。②散发箕踞：披散着头发，伸开两脚，手按膝坐着。③轨仪自居：顺着礼仪之事。④叹为两得：两人都做得很得体。⑤时无英雄，使竖子成名：那时，没有真正的英雄，才使刘邦那小子成了名！

译文 阮籍虽然不受礼教的拘束，但是言语玄妙、悠远，说话不轻意褒贬人家。他非常孝顺，母亲逝世时，他正和人家下围棋，对方要求停止，阮籍却留下来与对方决战，赌个输赢。继之便喝了两斗酒，放声大哭，还吐了好几升血。母亲将要下葬时，他又吃了一块蒸猪腿，喝了两斗酒，然后靠近棺木与母亲遗体告别，这时连说话的气力也没有了。他再次放声大哭，因此又吐了好几升血，他因悲哀而消瘦，显得瘦骨嶙峋，以致几乎要死去。裴楷前去吊唁，阮籍披散着头发，将两脚伸开，按着膝盖坐下来，喝醉了直愣愣地看人，裴楷吊完唁便离去了。有的人问裴楷：『凡是吊唁，主人都得先哀哭，客人才因礼俗而哭拜。阮籍既然不哭，你为什么要哭呢？』裴楷说：『阮籍既然是超乎礼俗之外的人，当然不崇尚礼教法典；我是世俗中

的人，所以自己要顺从礼仪之事。』当时的人都赞叹他们俩的做法都很合理。阮籍又会用黑眼珠或眼白看人，看到拘泥于礼俗的人，他用白眼对待。嵇喜前来吊唁时，阮籍翻白眼怒视，嵇喜很不高兴地走了。嵇喜的弟弟嵇康听说，便带酒挟琴来访，阮籍十分高兴，才露出黑眼珠来。因此，尊崇礼法的人都憎恨阮籍如同仇敌，可是文帝司马昭却每每保护阮籍。

阮籍的嫂子曾经回娘家省亲，阮籍和他嫂子见面并与她告别，有的人就讥笑阮籍，阮籍却说：『礼法难道是为我制定的吗！』邻居有一个颇具姿色的青年妇女，坐在酒垆旁边卖酒。阮籍曾经去买酒喝，喝醉了便躺在那个青年妇女旁边。阮籍自己不避嫌，那个青年妇女的丈夫审视阮籍，也没有怀疑。一户军人的家里有一个既有才学又有姿色的女子，还没出嫁就死了。阮籍并不认识这个女子的父兄，却径自去哭灵，哀悼后才返回。阮籍外表坦荡而内心纯净，一向如此。阮籍时常随意驾车独行，他不顺着道路走，直到车子到了尽头无法走了，才痛哭而归。阮籍还曾经登临广武山，观览楚汉对峙时的战场，他感慨地说：『那时，没有真正能称得上英雄的人，所以刘邦小子成了名！』阮籍又登临武牢山，观望洛阳都城而发出感叹，于是写了《豪杰诗》。景元四年（二六三）冬天，阮籍死了，终年五十四岁。

阮籍善于写文章，下笔一点也不经心，他写了《咏怀诗》八十多首，为世间所珍重。作《达庄论》，叙述顺应自然，不求有所作为的可贵。他的文章多半没有存录。

阮籍曾经在苏门山遇见隐士孙登，他和孙登商讨古代开天辟地之理和修身养性练气之术，孙登一概不应答，于是阮籍长啸一声离开了。走到半山腰，听到一种好像凤凰鸣叫的声音回响于山谷之中，原来是孙登的长啸声。阮籍回来后就写了《大人先生传》，文章简要地写道：『世上的人所说的君子，一心只奉行礼法，一心以礼制约束自己。手里拿着圭璧，脚顺着绳墨走路。行为要成为当今的榜样，言语要成为后世的准则。青年时要称誉于乡里，成长后要闻名于都城。向上谋图充当朝廷大臣，往下企望不失去州府的最高官衔。难道没有见过成群的虱子聚集于裤子里吗？它们逃钻于深缝里，躲藏于破绵絮中，还自以为那是吉利的住宅。爬行时不敢离开缝隙，走动不敢离开裤裆，还自以为那里遵循行为准则哩！但是当热带的气浪灼热如火地袭来时，都市全被烤焦，成群的虱子只能处于裤子里头而出不来了。正人君子居于世间，与虱子藏匿于裤子里又有什么不同呢？』这也就是阮籍的胸襟志趣。

阮籍的儿子阮浑，字长成，有他父亲的作风。青少年时喜欢放荡旷达，不拘小节。阮籍却说：『你堂兄仲容已经加入我们这一帮子了，你不能再这样了。』太康年间，阮浑当上了太子庶子。